W0344951

So geht's zu B2

Vorbereitungskurs auf das Goethe-/ÖSD-Zertifikat B2

Lehrerhandbuch

Uta Loumiotis Adalbert Mazur

Ernst Klett Sprachen
Stuttgart

So geht's zu B2
Lehrerhandbuch

Weitere Komponenten:
Übungsbuch ISBN 978-3-12-675156-8

1. Auflage 1 [5 4 3 2 1] | 2023 22 21 20 19

www.klett-sprachen.de

Online- Zugangscode zu den Audiodateien zum Übungsbuch: **qcmgv72**
Bitte auf www.klett-sprachen.de in das Suchfeld eingeben.

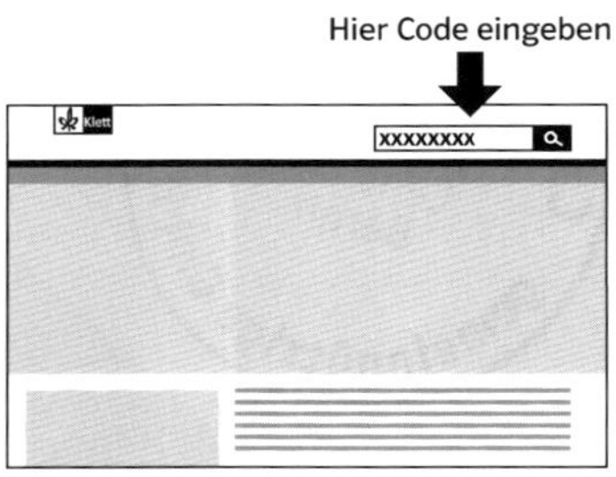

Alternativ können Sie die Audiodateien über die App Klett Augmented abrufen. Scannen Sie einfach die entsprechenden Seiten des Übungsbuchs.

Klett-Augmented-App kostenlos downloaden und öffnen | Bilderkennung starten und Seite mit diesem Symbol scannen | Extras laden, scrollen, direkt nutzen oder speichern

Autoren: Uta Loumiotis, Adalbert Mazur
Redaktion: Andy Bayer, Zoi Kokkalidou
Layoutkonzeption / Gestaltung und Satz: Cellworks Athen
Umschlaggestaltung: Sabine Kaufmann
Druck und Bindung: CEWE Stiftung & Co. KGaA, Germering

Printed in Germany

ISBN 978-3-12-675157-5

ISBN 978-3-12-**675157**-5
9 783126 751575

Konzept des Übungsbuches *So geht´s zu B2*

Zielgruppen und Ziele

So geht´s zu B2 wendet sich an alle Deutschlernenden auf fortgeschrittenem Sprachniveau ab B1+, die sich im Rahmen eines B2-Kurses oder im Selbststudium auf eine der relevanten B2-Prüfungen vorbereiten möchten (*Goethe-Zertifikat B2* und *ÖSD-Zertifikat B2*).
Das Übungsbuch kann sowohl kurstragend als auch unterrichtsbegleitend eingesetzt werden.

Aufbau der Einheiten und Teile

So geht´s zu B2 neu ist in 12 übersichtlich gestaltete thematische Einheiten gegliedert. Das Buch folgt hinsichtlich des Schwierigkeitsgrads einer sukzessiven Progression. Dabei sind alle 12 Einheiten nach demselben Muster aufgebaut:

- **Einstiegsseite**
- **Wortschatz und Strukturen**
- **Lesen**
- **Hören**
- **Wortschatz und Redemittel**
- **Schreiben**
- **Sprechen**

Das Niveau B2 erfordert nicht nur umfassende Sprachkenntnisse, sondern auch ein bestimmtes Weltwissen, mit dessen Hilfe die Lerner in der Lage sind, optimal vorbereitet an die Prüfungsaufgaben heranzugehen. Um den Lernern zu helfen, diesem Anspruch gerecht zu werden, wurde das Fertigkeitentraining nach thematischen Einheiten geordnet, die nützliche und wissenswerte Informationen zu den Themen aus Alltag, Kunst, Medien, Gesundheit, Studium, Arbeitsleben, Wissenschaft, Natur und Technik sowie Politik und Geschichte enthalten.

So geht´s zu B2 orientiert sich an den vier Fertigkeiten, die in den relevanten B2-Prüfungen den jeweiligen vier Modulen entsprechen, also Lesen, Hören, Schreiben und Sprechen. Darüber hinaus bildet die Wortschatzarbeit einen festen Bestandteil innerhalb der thematischen Einheiten und wird unter zwei Aspekten behandelt: ***Wortschatz und Strukturen*** sowie ***Wortschatz und Redemittel***. Im ersteren werden Übungen zur Erschließung von Wortbedeutungen und zu Nomen-Verb-Verbindungen angeboten sowie grammatische Phänomene konsequent erweitert und gefestigt, während der letztere hauptsächlich auf die produktiven Fertigkeiten Schreiben und Sprechen abzielt und die Produktion von Texten und Meinungsäußerungen vorentlastet.

So geht´s zu B2 orientiert sich am handlungs- und lernerorientierten Ansatz des Gemeinsamen Europäischen Referenzrahmens (GER). Alle Aufgaben können in verschiedenen sozialen Formen, d.h. im Plenum, in Gruppen-, Partner- oder Einzelarbeit bearbeitet werden. Viele davon zielen bewusst auf eine lernerorientierte Perspektive (Assoziogramme, Mindmaps, Wortspiele, Diskussionen u.Ä.) ab.
Die Lerner werden auch immer wieder zur selbstständigen Recherche im Internet ermutigt, um ihr Weltwissen zu verifizieren bzw. auszubauen.

- **Einstiegsseite**

Dem lernerorientierten Ansatz getreu wurde die Einstiegsseite so gestaltet, dass sie zu einem lebendigen Gespräch anregen soll. Vorgestellt werden hier Bilder und Zitate, die in das jeweilige Thema einführen und die Lerner gleichzeitig dazu animieren, ihr Vorwissen zu aktivieren, indem sie sich dazu äußern. Dabei können sie spontan ihr Wissen, ihre Interessen und ihre Vorlieben zum Ausdruck bringen, sodass gleich zu Anfang jeder Einheit ihr Wortschatz aktiviert und eine Einstimmung auf das jeweilige Thema erzielt wird.

- **Wortschatz und Strukturen**

In diesem Teil wird auf die häufigen und typischen Probleme eingegangen, die auf dieser Niveaustufe erfahrungsgemäß auftreten. Dazu zählen aber auch ganz elementare **Grammatikphänomene**, die den Lernern selbst auf B2-Niveau immer wieder Schwierigkeiten bereiten. Mit ansteigendem Schwierigkeitsgrad werden komplexere **Strukturen** (z.B. Konjunktiv I, Passiv) behandelt. Im Vordergrund stehen dabei jedoch nicht isolierte Fragen zur Grammatik, sondern kontexteingebundene Aufgaben, in denen der **Wortschatz** zum jeweiligen Thema trainiert bzw. erweitert wird. Gleichzeitig dienen die Aufgaben in diesem Teil der Vorentlastung der rezeptiven Fertigkeiten Lesen und Hören.

- **Lesen**

Der Teil **Lesen** orientiert sich von der ersten Einheit an am Prüfungsformat der relevanten B2-Prüfungen (*Goethe-Zertifikat B2* und *ÖSD-Zertifikat B2)* und eignet sich auch für eine gezielte Prüfungsvorbereitung.

- **Hören**

Dem gleichen Gedanken der Progression und der Orientierung am Prüfungsformat folgt auch der Teil **Hören**. Auch hier wird sukzessiv vorgegangen. In den ersten Einheiten steht das Erkennen von einzelnen Wörtern, etwa Zahlen oder Terminen und Orten im Vordergrund, die später durch immer komplexere und anspruchsvollere Passagen und inhaltliche Fragen abgelöst werden. Auch hier orientieren sich die Aufgaben am Thema der jeweiligen Einheit.

- **Wortschatz und Redemittel**

In diesem Teil geht es – im Gegensatz zu dem Teil **Wortschatz und Strukturen** – um die praktische Anwendung, also um aktiven Wortschatz und Redemittel, die dem Lerner dazu verhelfen sollen, schriftliche und mündliche Texte zu produzieren.
Dabei sind die Aufgaben so konzipiert, dass die Lerner sich zum jeweiligen Thema der Einheit äußern können. Auch diesem Teil des Fertigkeitentrainings liegt der Gedanke der Progression zugrunde.

- **Schreiben**

Textproduktion
Im Teil **Schreiben** werden die Lerner schrittweise an die Textproduktion herangeführt. Sie werden mit den Fragen der Struktur von Texten vertraut gemacht und lernen dabei, zunächst einzelne Textsequenzen zu erstellen. Dann verfassen sie selbst immer komplexere Texte, in denen der neu erworbene Wortschatz zur Anwendung kommt.

Fehlerkorrektur
Die Lerner müssen bei dieser Aufgabe die jeweilige Fehlerform erkennen und benennen. Darüber hinaus werden im Teil **Wortschatz und Redemittel** unter der Rubrik **Was ist richtig?** Aufgaben angeboten, bei denen die Lerner in einer Zuordnungsaufgabe und einer Fehlerkorrektur ihr Wissen über syntaktische, morphologische und semantische Korrektheit erweitern und anwenden.

- **Sprechen**

Im Teil **Sprechen** folgen wir der logischen Klimax vom Einfachen zum Komplexen. Anfangs werden einzelne Gesprächssequenzen, wie Beschreibung, einfacher Widerspruch, Zustimmung usw. geübt, um dann später komplexere Fertigkeiten zu trainieren wie z.B. Erörterung eines problematischen Sachverhalts, die die Lerner dazu befähigen sollen, vollständige und abwechslungsreiche Gespräche zu diversen Themenkomplexen führen zu können, wie es der Gemeinsame Europäische Referenzrahmen auch vorsieht.

LÖSUNGEN

1 Sport und Freizeit

WORTSCHATZ und STRUKTUREN

A1

1	im	**6**	in der	**11**	auf dem
2	im	**7**	im	**12**	zu
3	im	**8**	am	**13**	in der
4	im	**9**	an der / in der	**14**	in der
5	im	**10**	im	**15**	im

A2

1	passiv	**6**	gewöhnlich
2	unbeliebt	**7**	der Sieg
3	der Mannschaftssport	**8**	unpopulär
4	verboten	**9**	der Verlierer
5	gestresst	**10**	die Sommerspiele

A3

1	Kraft	**5**	Luft	**9**	auszugehen
2	Freizeit	**6**	Feierabend	**10**	Disco
3	Sport	**7**	Hause	**11**	Theater
4	Grünen	**8**	machen	**12**	allein

A4

1	gefährlich	**6**	geschafft
2	Sportarten	**7**	Ehrgeiz
3	extrem	**8**	reduzieren
4	Risiko	**9**	verletzen
5	Grenzen	**10**	Unfällen

A5

1	g	**5**	h	**9**	k
2	e	**6**	l	**10**	d
3	j	**7**	b	**11**	c
4	a	**8**	i	**12**	f

A6 individuelle Lösung

LESEN

A1

1	a	**3**	h	**5**	c
2	d	**4**	g	**6**	f

B1

a	4	**e**	5
b	6	**f**	-
c	3	**g**	2
d	1	**h**	-

B2a

Zusatz, Aufzählung:	auch, außerdem, ferner, sowie, sowohl ... als auch ..., und
Gegensatz:	aber, dagegen, dennoch, jedoch, obwohl, trotzdem, während, wohingegen
Ursache, Begründung:	da, denn, nämlich, weil
Zugeständnis:	aber, allerdings, doch, zwar ... aber ...

B2b

1	denn	**3**	aber / allerdings / jedoch	**5**	nämlich
2	da / weil	**4**	aber / allerdings / jedoch	**6**	obwohl

HÖREN

A1

Zahlen: 17 70 73 37 187 789 1946 26.923 639.627 1.987.324

Distanzen: 100 m 800 m 1500 m 3000 m 20 km 10.000 km

Jahreszahlen: 1993 1784 1290 2003 1844 1647 1345 1945 1918 1989 2016

Daten: 21. August 1987 30. April 2003 12.03.1887 19. März 1289 3.10.1990 7. Mai 1945 29.08.1992

A2

1 Hochsprung
2 27.07.1993
3 6,14 m
4 Ukraine
5 72,28 m
6 Tschechien
7 47,60 sek
8 06.06.1985
9 52,34 sek
10 Russland

B1

1 a
2 b
3 b
4 a
5 c
6 b

B2

1 Risiken
2 Gefühl
3 Anleitung
4 Sicherheit
5 Einkommen
6 Ausrüstung
7 Zeitüberfluss
8 Freizeitverhalten

WORTSCHATZ und REDEMITTEL

A1

1 beschäftigen
2 nehmen
3 besichtigen
4 unternehmen
5 spielen
6 haben

Hinweis:
Der Aufgabentyp, der in den Lösungen als individuelle Lösung gekennzeichnet ist, soll die produktiven Fertigkeiten der Lerner fördern. In vielen Fällen schlagen wir auch zur Orientierung Lösungsvorschläge vor. Sie sollen aber lediglich den formalen Aspekt der Aufgabe betonen. Hinsichtlich des Inhalts können die Lerner selbstverständlich frei entscheiden, welchen Standpunkt sie vertreten oder welche Gedanken sie zum Ausdruck bringen möchten. Es ist sogar zu begrüßen, wenn sie von unseren Lösungsvorschlägen divergieren.

A2

individuelle Lösung
Lösungsvorschlag:
Meine Vorstellungen von einer sinnvoll verbrachten Freizeit drückt das zweite Bild am besten aus, weil ich finde, dass wir zu wenig Zeit mit unseren Freunden verbringen und diese sind doch sehr wichtig für uns.

A3

mögliche Lösung:

anstrengend: Fremdsprachen lernen, Gartenarbeit

erholsam, entspannend: auf der Couch liegen, Ausgehen mit Freunden, Lesen, Stadtbummel, Wellness, Yoga

kreativ: Handarbeit, Musik machen / ein Instrument spielen, Fotografie

teuer: Motorradtouren, Reiten

weiterbildend: Fremdsprachen lernen, Besuch eines Museums, Kurzreisen

zeitaufwendig: Chatten, Handarbeit

B1

1 vorbei, bereit, fertig
2 können, weiß, kenne
3 werden, bekommen, genommen
4 bleibe, stehen
5 Mühe, Stress, Angst
6 angenehm, gemütlich, bequem

B2

Am **liebsten (0)** verbringe ich meine Freizeit im Freien. **Wenn (1)** ich Gelegenheit dazu finde, gehe ich spazieren. Nicht weit entfernt von **meiner (2)** Wohnung befindet sich ein **schöner (3)** Park, der zu jeder Jahreszeit einen besonderen Reiz hat. Im Sommer kann man dort auf einer Bank sitzen und den Lärm der Großstadt einfach vergessen. Aber auch im Winter, wenn es **geschneit hat (4)**, besuche ich **ihn (5)** gern. Da sieht mein Park wie ein Märchenland aus. Im Herbst **bietet (6)** er dem Besucher ein fantastisches Farbenspiel, von dem man gar nicht genug bekommen kann.

SCHREIBEN

A2

pro: 3. Meinungsäußerung	Wenn ich Sachen kaufe, die mir gefallen, empfinde ich eine große Freude.
kontra: 2. Meinungsäußerung	Es ist doch keine Therapie, sondern eine Krankheit. Wir geben Geld für Sachen aus, die wir nicht brauchen.
moderat: 1. Meinungsäußerung	Man sollte es nicht nur von der negativen Sache betrachten.

A3

individuelle Lösung
Lösungsvorschlag:
Ich teile die Auffassung, nach der Shopping-Therapie zwar keine Therapie ist, aber trotzdem Spaß machen kann, weil ich selbst sehr gern einkaufen gehe. Darüber hinaus finde ich, dass man nicht alles schwarz oder weiß sehen sollte. Einkaufen kann etwas Schönes sein, wenn man damit nicht übertreibt.

B1

1. Meinungsäußerung:	doch nur Vorurteile, hilft gegen die Winterdepression, verleiht eine angenehme mediterrane Farbe
2. Meinungsäußerung:	Kann durchaus etwas Positives sein. Man darf allerdings ... nicht übertreiben.
3. Meinungsäußerung:	weder gesund, noch bringt es ästhetische Ergebnisse, einfach abstoßend

B2

1	b	**6**	j
2	d	**7**	e
3	i	**8**	h
4	f	**9**	g
5	c	**10**	a

B3

Schreibanlass:	1
Bezug auf die Meinungsäußerungen:	3, 4, 10
Eigene Meinungsäußerung:	2, 5, 7
Beispiele nennen:	6, 8, 9

C1

individuelle Lösung
Musterlösung:
Zum Thema „Sommerferien" habe ich einige Schlagzeilen gelesen und weil das Thema für die meisten von uns interessant sein dürfte, möchte ich mich dazu äußern. In einer Schlagzeile stand, dass der alternative Tourismus auf dem Bauernhof im Trend ist/sei. Einen ähnlichen Standpunkt vertritt auch die Schlagzeile, die uns empfiehlt, die Großstadt zu verlassen. Demgegenüber steht in einer weiteren Schlagzeile, dass man auch in der Stadt seine Freizeit sinnvoll verbringen kann, indem man sie besser kennenlernt. Ich persönlich schließe mich der Ansicht an, dass man sich in den Ferien vom Alltagsstress erholen sollte und das kann man am besten auf dem Lande, fern des Großstadtlärms tun. Manchmal hat man allerdings weder Zeit noch Geld, um zu verreisen. Dann sollte man das Beste daraus machen und in der Stadt die Ferien so angenehm wie möglich gestalten. Ich persönlich tue es genauso. Wenn ich ein wenig Zeit habe, verreise ich aufs Land. Sonst bleibe ich in meiner Heimatstadt und versuche, sie mit anderen Augen zu sehen. Was mein Heimatland angeht, so verlassen die meisten Bewohner die Hauptstadt gleich am ersten Ferientag und fahren ans Meer oder zu ihren Verwandten aufs Land.

D2

1	h	**5**	k	**9**	j
2	i	**6**	e	**10**	d
3	c	**7**	a	**11**	b
4	g	**8**	l	**12**	f

D3

Bitte um Verständnis:	Es fällt mir wirklich nicht leicht und ich möchte Sie daher um Verständnis bitten.
aktuelle Beschäftigung:	sehe ich mich dazu veranlasst, einen Job anzunehmen, um mein Studium finanzieren zu können.
Dank:	An dieser Stelle möchte ich mich auch für die sehr erfolgreiche und erfüllende Zusammenarbeit bedanken.
Verständnis zeigen:	Ich weiß sehr wohl, wie wichtig die Arbeit, die Sie leisten, ist. Ich kann auch deshalb verstehen, dass mein Abschied Ihnen Unannehmlichkeiten bereiten könnte, was ich sehr bedaure...

D4

1 bedanken
2 daher
3 bedauerlicherweise
4 bereiten
5 nachvollziehen
6 gezwungen
7 mitteilen
8 diese Entscheidung fällt mir nicht leicht
9 ich weiß sehr wohl
10 ich bedaure

SPRECHEN

A1

1 in
2 unter
3 als
4 durch
5 für

A2

individuelle Lösung
Lösungsvorschlag:
Zu den Ursachen zählen vor allem: Gewalt in der Familie, soziale Vernachlässigung, Mangel an Perspektiven, falsche Vorbilder in den Medien, der gewalttätige Freundeskreis, Armut, Alkoholmissbrauch

A3

1 vorstellen
2 sinnvoll / ratsam / empfehlenswert
3 beitragen
4 bestehen
5 von Vorteil

B2

Heute möchte ich mich mit dem Problem der Jugendgewalt **beschäftigen (1).** Leider ist die Jugendkriminalität in unserer Gesellschaft **ein sehr häufiges Phänomen (2)**. Meines Erachtens **hat es** mit vielen Faktoren **zu tun (3)**, wie etwa Langeweile, Stress in der Schule oder Angst vor der Zukunft. Viele Jugendliche versuchen, ihre Probleme zu vergessen. **Dazu kommen (4)** noch die falschen Vorbilder im Fernsehen und im Internet, wie **beispielsweise (5)** Actionfilme, die die Gewalt als etwas Spannendes und Männliches darstellen oder Videospiele, in denen die Gewalt als etwas gezeigt wird, was offensichtlich Spaß macht. Nicht vergessen sollte man auch die Rolle von Freunden und Verwandten, die die jungen Menschen sicherlich **stark beeinflussen (6).**
Ich möchte nun **ausführlicher einen Aspekt (7)** des Phänomens Jugendgewalt **aufnehmen (8)**, nämlich den der sozialen Situation von jungen Menschen. Wenn man bedenkt, dass viele Jugendliche schon zu Hause Gewalt erleben und häufig selbst Opfer von Gewalt geworden sind, dann kann man schon nachvollziehen, warum sie selbst gewalttätig werden. Diese jungen Menschen kommen **vor allem (9)** aus sozial schwachen Familien und die Armut verursacht eben nicht selten Gewalt: Man möchte sich irgendwie stark fühlen. Gewalt **findet** aber auch aus Frust und Ärger über den Zustand **statt (10),** an dem man nichts ändern kann.
Deswegen (11) ist es sehr wichtig, für diese Personengruppen Perspektiven zu eröffnen. Der Vorteil dieser Maßnahmen besteht darin, dass die jungen Menschen ein starkes Selbstbewusstsein entwickeln und ihre Talente entdecken können, dann gibt es – glaube ich- keinen Grund mehr, gewalttätig zu werden. Gerade deshalb müssen dringend Programme für Jugendliche organisiert werden. Und für besonders schwierige Fälle braucht man eine professionelle psychologische Betreuung, denn härtere Strafen sind **meiner Meinung nach (12)** sicherlich nicht die richtige Lösung.
Ich bedanke mich für Ihre Aufmerksamkeit

C2

individuelle Lösung
Lösungsvorschlag:
Unter einem aktiven Urlaub verstehe ich eine besondere Form der Freizeitgestaltung, bei der verschiedene sportliche und kulturelle Aktivitäten im Mittelpunkt stehen. Dazu zählen unter anderem Museumsbesuche, Schwimmen oder Wandern.

C3

individuelle Lösung
Lösungsvorschlag:
Der Hauptvorteil dieser Freizeitbeschäftigung besteht meines Erachtens darin, dass man etwas für seine Gesundheit und seine Bildung tut. Andererseits muss man jedoch bedenken, dass man auch Erholung braucht und ein zu aktiver Urlaub mit zu vielen Aktivitäten kann genau das Gegenteil bewirken. Wir kommen dann aus dem Urlaub erschöpft und nicht erholt zurück.

C4

individuelle Lösung

2 Alltag und Routine

WORTSCHATZ und STRUKTUREN

A1 individuelle Lösung

A2 individuelle Lösung

B1

1	verkleiden	**5**	Kleidung	**9**	trage
2	gehören	**6**	auffällige	**10**	Erscheinung
3	Gesellschaft	**7**	üblichen	**11**	Wahl
4	Vorstellungsgespräch	**8**	anpassen	**12**	Öffentlichkeit

C1

1	Industrialisierung	**4**	Gedächtnis
2	Arbeitsamt	**5**	Gene
3	Gleitzeit	**6**	Arbeitgeber

C2

1	Schlafmangel	**4**	GAU
2	Arbeitsamt	**5**	Schichtarbeit
3	Gleitzeit		

LESEN

A1

1	b (Z. 17–22)	**4**	b (Z. 52–54)
2	c (Z. 31–32)	**5**	a (Z. 55–56)
3	c (Z. 42–51)		

B1

1	H	**4**	D
2	E	**5**	C
3	A		

C1

1	g	**2**	f	**3**	d

HÖREN

A1 individuelle Lösung

B1

1	f	**6**	r
2	f	**7**	f
3	r	**8**	r
4	r	**9**	f
5	r	**10**	r

B2

1	Biologie	**5**	Kommunikation	**9**	kommunizieren
2	Anthropologie	**6**	Sprache	**10**	funktioniert
3	Menschen	**7**	reden	**11**	Mimik
4	menschlicher	**8**	schreiben	**12**	Gestik

WORTSCHATZ und REDEMITTEL

A1 Fernseher, Staubsauger, Waschmaschinen, Töpfe, Bügeleisen, Geschirrspülmaschine, Elektroherde, Telefone, Mixer, Mikrowellen

B1 individuelle Lösung
Lösungsvorschlag:
Ich kümmere mich sehr gern um meinen Hund und auch Staubsaugen macht mir Spaß. Bügeln dagegen kann ich einfach nicht leiden.

B2 individuelle Lösung
Lösungsvorschlag:
Meines Erachtens sollte man zuerst über die Arbeitsteilung in der Familie sprechen und dann sollte jedes Familienmitglied eine bestimmte Aufgabe übernehmen. Außerdem wäre es empfehlenswert, einen Wochenplan mit den wichtigsten Aufgaben zu erstellen. Schließlich sollte man sich an das vereinbarte Programm auch konsequent halten.

C2

1	c	**2**	a	**3**	b

C3

1	Farbe	**5**	Blumen	**9**	Zimmer
2	Mitteln	**6**	Entspannung	**10**	Stimmung
3	Wände	**7**	Kerzen	**11**	Puppen
4	Paradies	**8**	Ölen	**12**	Innenausstattung

D1 Ich bin **erschöpft (0)**! Mein Alltag gleicht dem blanken Horror und kein Mensch möchte es glauben! Ich muss früh aufstehen, duschen und **mich (1)** schminken. Ich arbeite in einem Büro und muss natürlich auf mein **Äußeres (2)** achten. Um daher attraktiv und schon zu bleiben, **färbe (3)** ich mir die Haare und **lackiere (4)** die Nagel. Hinzu kommen noch die Arbeiten im Haushalt: Geschirr spülen, Staubsaugen, Essen **zubereiten/kochen (5)** und mich um die Kinder kümmern. Apropos Kinder: Es sind **wahre (6)** Monster! Ständig machen sie alle Türen und Fenster auf und **zu (7),** abends vergessen sie immer, den Fernseher auszuschalten, **setzen (8)** sich an den Tisch, ohne sich vorher die Hände gewaschen zu haben und machen ihre Musik so laut, dass die Wände zittern. Wie soll man **sich (9)** da noch erholen? Am liebsten würde ich meine Sonnenbrille aufsetzen, **meine/die (10)** Beine austrecken und den ganzen Kram einfach ignorieren!

SCHREIBEN

A2 Mindmap:
Farben: individuelle Lieblingsfarbe – Ausdruck der Persönlichkeit / machen den Alltag bunter – Einsatz in Design und Einrichtung / beeinflussen uns – das Wohlbefinden

A3 individuelle Lösung
Lösungsvorschlag:
Was die Rolle der Farben für unser Wohlbefindet angeht, so bin ich der Ansicht, dass sie unser Leben schöner machen können. Es gibt viele Farben, die unsere Stimmung positiv beeinflussen. Rot zum Beispiel wirkt anregend, während Blau und Grün eine beruhigende Wirkung haben.

A4

zwar ..., aber...	nicht nur ..., sondern auch ...	sowohl ... als auch ...	weder ... noch ...

individuelle Lösung
Lösungsvorschlag:
Was die Rolle der Farben für unser Wohlbefinden angeht, so bin ich der Ansicht, dass sie zwar unser Leben schöner machen können, aber es gibt auch weitere Möglichkeiten, wie etwa Musik, die auch unsere Stimmung positiv beeinflussen kann. Zum Beispiel leise und romantische Musik, die uns beruhigt und entspannt oder fröhliche Musik, die wir hören, wenn wir traurig sind.

A5 individuelle Lösung
Lösungsvorschlag:
Der größte Vorteil besteht wohl darin, dass unser Leben viel angenehmer wird, wenn wir Dinge tun, die uns Spaß machen. Dazu gehören natürlich auch Farben, aber auch die vielen kleinen Freuden, die unseren Alltag schöner machen.

B2 individuelle Lösung
Lösungsvorschlag:
- Meinung zur Ordnung am Arbeitsplatz: einverstanden, Ordnung ist sehr wichtig
- Gründe, warum die Ordnung am Arbeitsplatz von Bedeutung ist: Man spart Zeit, wenn alles am richtigen Platz ist, weniger Stress
- Andere Möglichkeiten, das Arbeitsklima zu verbessern: Small Talk mit Kollegen, Geburtstage der Kollegen gemeinsam feiern, ab und zu für Kollegen etwas Süßes zubereiten
- Vorteile eines angenehmen Arbeitsklimas: bessere Ergebnisse/Leistung, die Arbeit macht mehr Spaß

B3 individuelle Lösung
Lösungsvorschlag:
Also, was mich angeht, so glaube ich, dass die Ordnung am Arbeitsplatz doch sehr wichtig ist, weil sie uns die Arbeit erleichtert. Ein Arbeitsplatz, der in Unordnung ist, bringt viele Probleme mit sich: Man sucht ständig nach etwas und das kostet Zeit und verursacht Stress. Andererseits glaube ich jedoch, dass die Ordnung nicht das Wichtigste ist. Viel wichtiger finde ich ein gutes Betriebsklima unter Kollegen.

B4 individuelle Lösung
Lösungsvorschlag:
Der größte Vorteil von Ordnung am Arbeitsplatz besteht wohl darin, dass die Arbeit dann mehr Spaß macht und wir gern und motiviert unsere Aufgaben erfüllen. Als weiteren Vorteil würde ich den Zeitgewinn nennen, denn man spart wirklich Zeit, wenn alles an seinem Platz ist.

B5 individuelle Lösung

SPRECHEN

A1 individuelle Lösung

A2 individuelle Lösung
Lösungsvorschlag:
Im vorliegenden Vortrag geht es um das Thema *Bestellen von Essen*. Darin werden Gründe genannt, warum die Menschen sich dazu entscheiden, fertige Gerichte zum Beispiel per Handy zu bestellen, anstatt selbst zu kochen. Darüber hinaus geht der Referent auf Vor- und Nachteile dieser Gewohnheit ein.

A3 individuelle Lösung
Lösungsvorschlag:
Der Vortragende stellt sowohl die Vor- als auch die Nachteile von einem Lieferservice vor und kommt zu dem Schluss, dass man nur ab und zu das Essen bestellen sollte, weil es sowohl ungesund als auch fantasielos sei, immer das Essen zu bestellen, anstatt selbst zu kochen.

A4 individuelle Lösung

A5 individuelle Lösung
Lösungsvorschlag:
Wie ist die Situation in deinem Heimatland, was das Bestellen von Fertiggerichten angeht?
Warum findest du, dass es fantasielos ist, wenn man häufig das Essen bestellt?
Wie könnte man die Qualität von Lieferservice verbessern?

A6
1 zugehört
2 war
3 Darf
4 stellen
5 interessieren
6 gewusst
7 erfahren
8 berichten

B1 individuelle Lösung

C1 individuelle Lösung
Lösungsvorschlag:
Auf dem vorliegenden Bild ist eine Familie – Vater, Mutter und zwei Kinder – zu sehen. Wir sehen hier auch ein Wohnzimmer, in dem sich die Familie befindet. Alle Familienmitglieder sitzen auf einem grauen Teppich.

C2 individuelle Lösung
Lösungsvorschlag:
Im Vordergrund rechts ist die Familie, die im Wohnzimmer auf dem Teppich sitzt. Hinter ihnen / Dahinter ist ein hellgraues Sofa zu sehen. Weiter im Hintergrund sieht man ein großes Fenster.

C3 individuelle Lösung
Lösungsvorschlag:
Man kann (ganz) gut erkennen, dass es bei diesem Bild offenbar um das Thema „Zeit für die Familie" geht, weil wir hier Eltern sehen, die sich offenbar Zeit für ihre Kinder nehmen. Sie scheinen sehr entspannt und fröhlich zu sein.

D1 individuelle Lösung
Lösungsvorschlag:
Wir sehen hier fünf junge Menschen, zwei Männer und drei Frauen, die gemeinsam Spaghetti kochen und anscheinend eine Tomatensauce zubereiten.

D2 individuelle Lösung
Lösungsvorschlag:
unten rechts – die Glasschale, vorne in der Bildmitte – der Topf, vorne links vom Topf – die Pfanne,
links vorne – ein Bund Basilikum, im Hintergrund – das Regal (mit Gläsern und Besteck)

D3 individuelle Lösung
Lösungsvorschlag:
Offensichtlich handelt es sich hier um das Thema „Spaß am Kochen mit Freunden", denn die darauf dargestellten Personen lächeln freundlich und wirken sehr entspannt. Allem Anschein nach macht ihnen das gemeinsame Kochen Spaß.

E1 individuelle Lösung

3 Gesundheit und Medizin

WORTSCHATZ und STRUKTUREN

A1

Körperteil:	Bauch, Kopf, Rücken
inneres Organ:	Gehirn, Herz, Leber, Lunge, Magen
Symptom/Krankheit:	Arterienverkalkung, Bluthochdruck, Erkältung, Flüssigkeitsverlust, Gelenkschmerzen, Knochenbruch, Krebs
Körperfunktion:	Ausschüttung von Insulin, Fettabbau, Stoffwechsel

B1

1	b	**6**	b
2	a	**7**	c
3	a	**8**	c
4	b	**9**	c
5	a	**10**	b

In dieser Übung geht es nicht um wissenschaftliche Korrektheit, da sich Forschungsergebnisse immer wieder ändern. Es geht hier lediglich um die Beherrschung des Wortschatzes.

C1

1	Kunden, Krankenkasse	**4**	erkranken
2	verschrieben	**5**	Vorbeugung
3	impfen	**6**	Entspannung

C2

1	Vorbeugung	**5**	erkranken
2	Entspannung	**6**	Kunden
3	verschrieben	**7**	Krankenkasse
4	impfen		

D1

1	Körperabwehr	**5**	Erregern
2	Infekte	**6**	Beschwerden
3	Körper	**7**	Fieber
4	Abwehr	**8**	Abwehrmechanismus

LESEN

A1

1	auf	**8**	Zeichen	**15**	Kenntnisse
2	geboren	**9**	sein	**16**	tatsächlich
3	einem	**10**	während	**17**	weiß
4	den	**11**	oder	**18**	wurde
5	ist	**12**	Reisen	**19**	sich
6	Symbol	**13**	bis/und	**20**	diesem
7	umschlungene	**14**	Beobachtungen		

B1

1	A	**4**	E
2	F	**5**	G
3	K		

HÖREN

A1

1	f	**6**	r
2	f	**7**	f
3	f	**8**	r
4	f	**9**	f
5	r	**10**	f

WORTSCHATZ und REDEMITTEL

A1

1	gelassen	**6**	erschöpft
2	gestresst	**7**	gereizt
3	niedergeschlagen	**8**	krank
4	fröhlich	**9**	gesund
5	schlapp	**10**	angeschlagen

A2 individuelle Lösung
Lösungsvorschlag:
Wenn ich krank bin fühle ich mich anfangs gleichzeitig müde und gereizt, dann empfinde ich oft ein starkes Unwohlsein. Anschließend merke ich / stelle ich fest, dass ich Fieber habe, weil ich am ganzen Körper zittere.

A3

1	Ansteckung	**4**	Ausbruch der Krankheit
2	Inkubationszeit	**5**	Genesung
3	die ersten Symptome		

A4 individuelle Lösung
Lösungsvorschlag:
Die Krankheit, die ich vorstellen möchte, heißt **Grippe**. Sie kommt in unserer Zeit relativ häufig vor. Am Anfang steckt man sich durch **Viren** an. Nach einigen **Tagen** zeigen sich die ersten **Symptome**. Anschließend kommt es zum **Ausbruch der Krankheit**, der sich in **Hustenanfällen und Schnupfen** äußert. Man fühlt sich dabei **sehr schwach** und klagt über **Halsschmerzen**. Man hat häufig auch **Fieber**. Als Therapie dagegen wendet man **meistens Antibiotika** an. Wenn alles gut geht, erfolgt nach **etwa zehn Tagen** die vollständige **Genesung**.

A5

1 Erkältung, Grippe, Husten, Migräne, Schnupfen
2 Ausschlag, Akne
3 Asthma, Mittelohrentzündung
4 Infarkt, erhöhter Puls
5 verstauchter Fuß
6 Karies

B1 individuelle Lösung
Lösungsvorschlag:
Eine wirkungsvolle Maßnahme zur Stärkung des Immunsystems ist meiner Ansicht nach hauptsächlich eine gesunde Ernährung, weil der Organismus dadurch all diejenigen Stoffe bekommt, die das Immunsystem braucht. Aber auch regelmäßige ärztliche Untersuchungen halte ich für angemessen/sinnvoll, denn man muss die Gefahren rechtzeitig erkennen, um ihnen angemessen begegnen zu können.

C1

1	enthalten, erhalten, bekommen	**3**	unternehmen, abnehmen, vornehmen
2	unter, an	**4**	Tat, Praxis, Handlung

SCHREIBEN

A2 mögliche Lösung:

kostenlose medizinische Versorgung:	**Vorteile:**	• die Menschen hätten mehr Geld für andere Sachen
	Nachteile:	• die Krankenkassen werden belastet, mögliche Steuererhöhung • möglicher Missbrauch
ärztliche Versorgung nur gegen Entgeld:	**Vorteile:**	• die Bürger werden steuerlich entlastet • die Bürger können selbst entscheiden, was sie mit ihrem Geld tun: Ob sie es ausgeben oder ob sie sich privat versichern lassen möchten
	Nachteile:	• große finanzielle Belastung für die sozial Schwachen • sozial ungerecht, Zwei-Klassen-Medizin • die Armen sterben, weil sie kein Geld für Untersuchungen haben

B1

1 besteht	**4** trifft	**7** verzichten
2 bekommen	**5** stellt	**8** vorziehen
3 behandelt	**6** finanziert	

B2 individuelle Lösung
Lösungsvorschlag:
Was mich angeht, so befürworte ich grundsätzlich die kostenlose ärztliche Versorgung, denn ich finde sie sozial. Man darf allerdings nicht übersehen, dass sie für einen Staat sehr teuer ist. Deshalb muss man darüber nachdenken, ob alle Leistungen kostenlos sein sollen oder nur diejenigen, die unbedingt notwendig sind. Es stellt sich daher die Frage, was als notwendig angesehen wird und – ganz generell – wie so ein Gesundheitssystem finanziert werden kann.

C1 individuelle Lösung

C2 mögliche Lösung:
Naturheilkunde
Ist was? In der Naturheilkunde werden nicht nur Symptome, sondern vor allem Ursachen bekämpft.

Grippeimpfung
Bewirkt was? Stärkt das Immunsystem, indem sie den Körper dazu bringt, Antikörper gegen eine eventuelle Infektion zu entwickeln.
Grippeimpfung-Beispiele: Impfungen von Kindern und Senioren vor allem zu Herbstbeginn

C3 mögliche Lösung:

Naturheilkunde:	**Vorteile:**	ganzheitliches Menschenbild; beugt auch anderen Krankheiten vor
	Nachteile:	bewirkt überhaupt nichts; Placebo; viele Betrugsskandale
Grippeimpfung:	**Vorteile:**	dank der Stärkung des Immunsystems fühlt man sich sicherer und hat weniger Angst vor Erkrankungen, wenn man geimpft ist
	Nachteile:	in manchen Ländern sehr teuer; zusätzliche finanzielle Belastung; Allergien infolge der Injektion; Patienten werden unvorsichtig, weil sie glauben, es kann ihnen nichts passieren

D1 individuelle Lösung
Lösungsvorschlag:
Ich habe mit großem Interesse die Diskussion zu Thema „Naturheilkunde" verfolgt und da ich es sehr interessant finde, möchte ich mich damit auseinandersetzen und meine Meinung dazu äußern. Ich bin mit der Meinung, dass Naturheilkunde Betrug ist/sei, nicht einverstanden. Ich selbst befürworte, genau wie einer der Diskussionspartner es auch beschrieben hat, einen vorsichtigen Umgang mit diesen Methoden, denn sie bietet viele Chancen, bringt aber auch Risiken mit sich. Ein großer Vorteil besteht meines Erachtens vor allem darin, dass die pflanzlichen Heilmittel im Gegensatz zu den Antibiotika keine Nebenwirkungen zeigen, was sicherlich gut für unser Immunsystem ist. Deshalb bin ich mit der Meinung, dass Naturheilkunde etwas Wunderbares ist, teilweise einverstanden. Bei leichten Erkrankungen wie etwa einer Erkältung, sind ihre Methoden sicherlich unbedenklich. Allerdings ist es fraglich, ob sie auch bei schweren Erkrankungen wirkt. Ich persönlich halte die Naturmedizin für nicht so effektiv und daher für ein zu hohes Risiko. Aus diesem Grund finde ich, dass man in solchen Fällen auf die klassische Medizin auf keinen Fall verzichten darf, vor allem wenn es um so schwere Erkrankungen wie Diabetes oder Krebs geht. Was die Heilsteine angeht, so halte ich diese „Methode" für unseriös, weil ich nicht glaube, dass Steine tatsächlich jemanden heilen können.

SPRECHEN

A1 individuelle Lösung
Lösungsvorschlag:
Mich persönlich spricht am meisten Bild 2 an, weil es meines Erachtens auf eine sehr liebevolle und warme Art und Weise das Verhältnis zwischen dem Arzt und dem Patienten zum Ausdruck bringt.

A2 individuelle Lösung
Lösungsvorschlag:
Man kann darauf zwei Personen erkennen, wobei die eine offenbar eine Ärztin ist, die die Hand einer alten, wahrscheinlich kranken Person hält. Sie möchte ihr vielleicht Mut machen oder Trost spenden.

A3 individuelle Lösung
Lösungsvorschlag:
Es soll hier meiner Meinung nach das Thema „Das ideale Verhältnis zwischen Arzt und Patient" behandelt werden. Das wird unter anderem deutlich durch die Geste der Ärztin, weil sie durch das Halten der Hand des Patienten Hilfsbereitschaft und Fürsorge ausdrückt.

B2 mögliche Lösung:

pro:
- durch Diskriminierung erreicht man eher das Gegenteil
- man hat kein Recht, in die persönliche Entscheidungsfreiheit des anderen einzugreifen
- unter Entzug leidende Raucher sind aggressiv
- Nichtraucher brauchen die Raucher-Sonderräume ja nicht zu betreten

kontra:
- Passiv-Rauchen ist mindestens genauso schädlich wie aktives Rauchen
- es gibt auf Flughäfen und Bahnhöfen auch keine Sonderräume für (andere) Drogensüchtige
- solche Räume sind ein schlechtes Beispiel für Kinder/junge Menschen
- solche Räume verharmlosen das Problem der Folgeekrankungen

B3 individuelle Lösung
Lösungsvorschlag:
Da ich selbst früher Raucherin war, glaube ich, dass das Rauchen der Gesundheit der Raucher und ihrer Mitmenschen schadet. Außerdem dürfen wir nicht vergessen, dass Raucher, falls sie später erkranken, hohe Kosten für die Krankenkassen verursachen. Aber andererseits darf man nicht übersehen, dass es bessere Methoden zur Bekämpfung des Rauchens gibt, als den Rauchern das Leben schwer zu machen. Das könnte sogar das Gegenteil von dem bewirken, was man von dieser Maßnahme erwartet. Ein Raucher, der 12 Stunden lang nicht rauchen durfte, raucht dann, sobald er wieder darf, eine Zigarette nach der anderen. Das tut seiner Gesundheit ganz bestimmt nicht gut. Deshalb halte ich ein solches Verbot für überhaupt nicht sinnvoll.

B4 mögliche Lösung:

1 *unangemessen*, weil unhöflich und nicht partneradäquat
2 *unangemessen*, weil in sich widersprüchlich und unklar
3 *angemessen*, signalisiert Offenheit
4 *angemessen*, partneradäquat und trotzdem selbstbewusst
5 *angemessen*, weil partneradäquat und angemessen begründet
6 *angemessen*, weil partneradäquat und angemessen begründet
7 *angemessen*, weil partneradäquat und angemessen begründet
8 *angemessen*, weil höflich, partneradäquat und dabei bestimmt
9 *unangemessen*, weil unhöflich und nicht partneradäquat
10 *angemessen*, weil höflich und partneradäquat

B5 individuelle Lösung
Lösungsvorschlag:
Mit der Auffassung, wonach man keine Raucherräume zulassen sollte, bin ich überhaupt nicht einverstanden. Es trifft sicherlich zu, dass das Rauchen gesundheitsschädlich ist und auch die Nichtraucher in Gefahr bringt. Das bedeutet aber nicht, dass man die Raucher bestrafen sollte. Es ist doch ein Eingriff in die persönliche Freiheit des Individuums. Auch das Argument, dass man durch die Raucherräume das Rauchen überall wieder zulassen wird, überzeugt mich überhaupt nicht. Im Gegenteil, es werden klare Regeln geschaffen, die von allen Seiten respektiert werden.

C1 individuelle Lösung

4 Länder und Reisen

WORTSCHATZ und STRUKTUREN

A1

1	Berlin	**3**	Kairo	**5**	Budapest
2	Istanbul	**4**	Rom	**6**	Hong Kong

A2

1	c	**3**	a	**5**	c
2	a	**4**	b	**6**	c

A3 individuelle Lösung

A4 individuelle Lösung

A5

Regionen: der Balkan, Skandinavien, Sibirien, Südostasien

Wüsten: Gobi, Karakum, die Sahara

Gebirge: die Alpen, die Anden, der Harz, der Himalaja, die Karpaten, der Kaukasus, der Ural

Inseln: Grönland, Neufundland, Sizilien, Sylt, Usedom

Flüsse: der Amazonas, die Donau, die Elbe, der Main, der Rhein, die Wolga

Ozeane: der Atlantik, der Pazifik

A6

1	nach	**6**	an
2	im	**7**	Auf
3	in	**8**	entlang
4	Auf	**9**	im
5	nach	**10**	in

A7

waagerecht: Waehrung, Verkehr, Demografie, Polizei, Klima, Flora, Fauna, Insel(n), Sprache

senkrecht: Bevoelkerung, Kultur, Natur, Immigration, Rechtswesen

A8

Nomen	**Verb**	**Adjektiv**
Fauna	-	faunisch
Währung	-	-
Verkehr	verkehren	verkehrsreich ≠ verkehrsarm
Demografie	-	demografisch
Polizei	-	polizeilich
Klima	klimatisieren	klimatisch
Flora	florieren	floral
Insel(n)	-	-
Sprache	sprechen	sprachlich
Bevölkerung	bevölkern	bevölkerungsreich ≠ bevölkerungsarm
Kultur	kultivieren	kulturell
Natur	-	natürlich
Immigration	immigrieren	-
Rechtswesen	-	-

A9 individuelle Lösung

LESEN

A1

1 a	**4** b	**7** a
2 b	**5** c	**8** d
3 b	**6** d	**9** a

B1

1 h	**2** c	**3** a

HÖREN

A1

Namen: Goethe, Gusenburg, Gerber, Möckel, Schramm, Suarez, Mathieu, Wolkowa, Gülzow

Uhrzeiten: gegen 19.00 Uhr, ungefähr um sieben, genau um 19.45 Uhr, zwischen 7.00 Uhr und 7.30 Uhr, um halb 10, um 21.30 Uhr

Treffpunkte: vor dem Kino, am Bahnhof, vor dem Hotel, in der Lounge, in der Mensa, im Theater an der Garderobe

B1

	Dubai	**Kuba Varadero**	**Ägypten Marsa Alam**
Abreisetermin:	06.03. (März)	07.03. (März)	05.03. (März)
Abflughafen:	Wien	Wien	Graz
Direktflug:	nein	nein	ja
Hotelkategorie:	5 Sterne	5 Sterne	4 Sterne
Name des Hotels:	Park Hotel	Melia Marina Hotel	Aurora Hotel
Preis:	1.200 Euro	1.455 Euro	654 Euro
Verpflegung:	Halbpension	Vollpension	Halbpension
Kinderangebote:	nein	ja	ja
Wellness:	im Preis enthalten	extra bezahlen	kein Wellness-Bereich
Abholung vom Flughafen:	per Bus	Mietwagen	Taxi

C1

1 F	**6** b
2 c	**7** F
3 R	**8** c
4 b	**9** F
5 F	**10** c

WORTSCHATZ und REDEMITTEL

A1

1	Tor	**6**	Palast	**11**	Stadtmauer
2	Park	**7**	Schloss	**12**	Glyptothek
3	Säule	**8**	Fontäne	**13**	Leuchtturm
4	Brücke	**9**	Altstadt	**14**	Gedenkstätte
5	Kirche	**10**	Pinakothek	**15**	Kunstgalerie

A2 individuelle Lösung
Lösungsvorschlag:

1 Tor: *das Brandenburger Tor in Berlin*
2 Park: *der Englische Garten in München*
3 Säule: *die Siegessäule in Berlin*
4 Brücke: *die Karl-Theodor-Brücke (Alte Brücke) in Heidelberg*
5 Kirche: *die Frauenkirche in Dresden*
6 Palast: *das Palais Schwarzenberg in Wien*
7 Schloss: *das Schloss Neuschwanstein bei Füssen*
8 Fontäne: *Fontäne (Jet d´eau) am Genfer See*
9 Altstadt: *die Lübecker Altstadt*
10 Pinakothek: *München*
11 Stadtmauer: *Nürnberg*
12 Glyptothek: *München*
13 Leuchtturm: *Roter Sand in der Deutschen Bucht*
14 Gedenkstätte: *die Kreuze an der ehemaligen Berliner Mauer*
15 Kunstgalerie: *Stuttgart Staatsgalerie*

A3 individuelle Lösung

A4 individuelle Lösung

B1

1	Gefühl	**3**	Eigenschaft	**5**	Entwicklung
2	Einstellung	**4**	Gegenstand, Gebäude	**6**	Handlung, Aktion

B2

1	Fernweh, Freude, Reisefieber	**3**	Gastfreundschaft, Weltoffenheit	**5**	Bildbetrachtung, Souvenirkauf
2	Gastfreundschaft, Verständnis, Weltoffenheit	**4**	Globus, Reiseführer, Schloss Sanssouci	**6**	Globalisierung

B3

Ähnlichkeiten:	gleichen + Dativ / darin, dass…, ähnlich sein wie, jemandem / etwas ähnlich sehen, jemandem / etwas darin ähneln, dass …
Differenzen:	im Gegensatz zu, im Unterschied zu, anders als, sich unterscheiden darin, dass …
Vergleich allgemein:	im Vergleich zu, verglichen mit

B4 individuelle Lösung

C1

1	beobachtet, Beachten, betrachtete	**3**	ausreisen, abreisen, verreist
2	besuchen, besichtigt, bestaunt	**4**	mitreisen, bereiste, einzureisen

SCHREIBEN

A2 mögliche Lösung:
Vorurteile haben / hegen, abbauen, jemanden nicht / nur schlecht kennen, historische Ursachen, Mangel an Interesse, Klischees / Stereotype / Feindbilder

A3

1	f	**6**	g
2	j	**7**	a
3	c	**8**	h
4	e	**9**	b
5	i	**10**	d

A4 individuelle Lösung
Lösungsvorschlag:
unzivilisiert/unkultiviert, feindselig, primitiv, fanatisch, verschlossen, betrügerisch, faul, nicht integrationswillig, selber rassistisch oder nationalistisch

A5

1	a	**5**	b
2	f	**6**	d
3	e	**7**	c
4	h	**8**	g

A6 individuelle Lösung
Lösungsvorschlag:
Die Begegnung mit einer fremden Kultur gibt uns die Gelegenheit, unseren Horizont zu erweitern. Außerdem könnten wir ganz neue Erfahrungen sammeln, wenn wir mit Sitten und Bräuchen, die uns bisher unbekannt waren in Berührung kommen. Wie lernen aber auch, dem anderen Respekt zu zeigen und Rücksicht auf die Unterschiede in Kultur und Tradition zu nehmen.

A7 Als eine weitere Möglichkeit, Vorurteile abzubauen, **wäre** eine Begegnung mit der Literatur aus anderen Ländern und Kulturkreisen zu empfehlen. Wenn man Geschichten aus diesen Ländern liest, dann erfährt man mehr über das Leben ihrer Bewohner. Ich **könnte** mir aber auch vorstellen, dass andere Medien, wie z.B. Dokumentarfilme oder interessante Berichte im Internet uns dabei helfen **könnten**, den anderen Kulturen näherzukommen.
Das Beste **wären** aber natürlich die persönlichen Kontakte. Wenn man die Menschen tatsächlich persönlich **kennenlernen würde**, dann **könnte** man auch leicht feststellen, dass sie gar nicht so anders sind als wir.

A8 individuelle Lösung

B1 individuelle Lösung

B2 individuelle Lösung

D1

1	c	**4**	a, c
2	b	**5**	a
3	b, c		

D2

1	märchenhaft schöne Umgebung	**5**	malerischen Strand	**9**	Ausflug
2	der	**6**	schwer zugängliche Steinküste	**10**	langweilig
3	Aussicht	**7**	WLAN	**11**	Rückerstattung
4	Baustellen	**8**	Ausflüge zu den Sehenswürdigkeiten in der Umgebung	**12**	Mit freundlichem Gruß

SPRECHEN

A2 mögliche Lösung:
Ich möchte heute das Thema Bildungsreisen vorstellen. **Zu Beginn /Zunächst einmal** möchte ich mehrere Bereiche beschreiben. **Anschließend** werde ich einen davon genauer vorstellen. **Außerdem / Darüber hinaus** werde ich auf die Vor- und Nachteile eingehen und **abschließend** werde ich diese bewerten und meine Meinung **dazu** äußern. Es ist **eine Tatsache,** dass es viele Formen von Bildungsreisen gibt, die mit vielen verschiedenen Bereichen zu tun haben, **wie** zum Beispiel Geschichte, Archäologie oder Sprachen. **Im Gegensatz** zu den üblichen Reiseformen stehen bei den Bildungsreisen nicht so sehr die Erholung und der Spaß, **sondern** Wissenszuwachs und Freude an wissenschaftlichen Entdeckungen **im Allgemeinen** im Vordergrund. Ich persönlich ziehe die Naturwissenschaften vor, **deshalb/deswegen** besuche ich Forschungszentren, **wenn** sie für das Publikum zugänglich sind. Meines Erachtens bereichern uns diese Reisen und ich habe die Gelegenheit, viel zu beobachten und zu lernen. Und **tatsächlich** habe ich persönlich viele wichtige Erfahrungen gemacht. **Als** ich **beispielsweise / zum Beispiel** in die Schweiz gefahren bin, habe ich natürlich das CERN bei Meyrin besucht, **wo** ich mich über den neusten Stand der Kernforschung informieren konnte.

A3 **Vorteile:** hilfreich für Studium oder Beruf, neue Erkenntnisse / Wissenszuwachs und Freude an wissenschaftlichen Entdeckungen, wichtige Erfahrungen auch für das Leben

Nachteile: häufig anstrengend, diese Reisen bieten keine Erholung, nicht selten kostspielig, häufig muss man allein reisen, weil der Partner nicht die gleichen Interessen hat

A4 individuelle Lösung
Musterlösung
Heute möchte ich mich mit dem Thema Studien- und Bildungsreisen befassen. Zunächst einmal möchte ich den Begriff Bildungsreisen genauer definieren. Unter einer Bildungsreise versteht man eine Form von Reisen, bei der es hauptsächlich auf eine Bereicherung des eigenen Wissens und nicht so sehr auf Spaß oder Erholung ankommt. Bei den Bildungsreisen lassen sich verschiedene Bereiche unterscheiden, je nachdem, wofür man sich interessiert. Für die Geisteswissenschaftler, zum Beispiel Historiker, steht natürlich die Besichtigung von historischen Stätten im Vordergrund, während sich Naturwissenschaftler eher für moderne Forschungszentren interessieren.
Ich persönlich studiere Kunstgeschichte und besuche daher Kunstgalerien in ganz Europa. Am liebsten reise ich nach Italien, weil sich dort meiner Ansicht nach die schönsten und wichtigsten Kunstwerke Europas befinden. Der größte Vorteil dieser Reisen besteht für mich darin, dass ich all diese wunderbaren Kunstwerke aus der Nähe sehen kann und dadurch kann ich mir ein besseres Bild davon machen. Leider geht das auf Kosten meiner Freizeit, weil diese Reisen häufig sehr arbeitsintensiv sind. Man möchte dann vielleicht noch am Abend ausgehen und ist einfach viel zu müde dazu. Aber ich glaube, dass die Vorteile überwiegen, denn es ist für mich eine schöne Erfahrung die Kunst hautnah zu erleben. Und diese Augenblicke entschädigen mich oft für die Mühe.

B1 individuelle Lösung

C2c individuelle Lösung

C3a individuelle Lösung

C3b individuelle Lösung

C3c individuelle Lösung

C3d individuelle Lösung

5 Menschen und Beziehungen

WORTSCHATZ und STRUKTUREN

A1a

1 gelassene
2 aktiver
3 ehrgeizig
4 gerecht
5 besorgt und hilfsbereit
6 kooperativ
7 gesprächig
8 geeignet
9 ideenreich
10 zuversichtlich

A1b

1 Ausgeglichenheit
2 (hohes) Engagement
3 Ehrgeiz
4 Fairness
5 Fürsorge
6 Kooperationsbereitschaft
7 Kommunikationsfähigkeit
8 Kompetenz
9 Kreativität
10 Optimismus

A2a

1 herzlos ≠ lieb
2 humorlos ≠ humorvoll
3 kalt ≠ warmherzig
4 lieblos ≠ liebevoll
5 lustlos ≠ unternehmungslustig
6 passiv ≠ aktiv
7 realistisch ≠ romantisch
8 schlank ≠ rundlich
9 spießig ≠ weltoffen
10 treulos ≠ treu
11 unehrlich ≠ ehrlich
12 ungebildet ≠ gebildet
13 unsportlich ≠ sportlich
14 unsympathisch ≠ sympathisch
15 verschlossen ≠ offen

A2b

Adjektiv		**Nomen**
unehrlich	→	die Unehrlichkeit
unternehmungslustig	→	die Unternehmungslust
romantisch	→	die Romantik
gebildet	→	die Bildung
lieb	→	die Liebe
weltoffen	→	die Weltoffenheit
aktiv	→	die Aktivität
begeisterungsfähig	→	die Begeisterung
sportlich	→	der Sport
nett	→	die Nettigkeit
warmherzig	→	die Warmherzigkeit
treu	→	die Treue
offen	→	die Offenheit
rundlich	→	die Rundlichkeit
ehrlich	→	die Ehrlichkeit
herzlos	→	die Herzlosigkeit
lustlos	→	die Lustlosigkeit
realistisch	→	die Realität
kalt	→	die Kälte
spießig	→	die Spießigkeit
passiv	→	die Passivität
emotionslos	→	die Emotionslosigkeit
unsportlich	→	die Unsportlichkeit
herzlos	→	die Herzlosigkeit
treulos	→	die Treulosigkeit
verschlossen	→	die Verschlossenheit
schlank	→	die Schlankheit
lieblos	→	die Lieblosigkeit

B1 mögliche Lösung der Assoziogramme:
die Menschenrechte, die Menschenwürde, der Menschenaffe, die Menschenansammlung, der Menschenkenner, die Menschenkette, das Menschenopfer, der Menschenhandel, das Menschenleben

menschenfreundlich, menschenverachtend, menschenleer, menschenmöglich, menschenscheu, menschenunwürdig, menschenwürdig

B2

1	auf, aus, seit, in	**5**	bei, für, gegen, mit, um	**9**	an
2	zu	**6**	an	**10**	an
3	über	**7**	vor	**11**	von
4	auf	**8**	mit	**12**	von

B3
1. Die amerikanischen Ureinwohner konnten sich zunächst nicht an die neuen Verhältnisse anpassen.
2. Die schwarze Bevölkerung Südafrikas kämpfte erfolgreich gegen die Unterdrückung durch die weiße Minderheit.
3. Die Migranten hoffen in ihrer neuen Heimat auf eine bessere Zukunft.
4. In der Mitte des 20. Jahrhunderts kämpften viele Kolonialstaaten für ihre Unabhängigkeit von den Kolonialmächten.
5. Viele Politiker gehen mit dem Flüchtlingsproblem nicht sensibel genug um.

B4
1. Woran konnten sich die amerikanischen Ureinwohner zunächst nicht anpassen?
2. Wogegen kämpfte die schwarze Bevölkerung Südafrikas erfolgreich?
3. Worauf hoffen die Migranten in der neuen Heimat?
4. Wofür kämpften viele Kolonialstaaten in der Mitte des 20. Jahrhunderts?
5. Womit gehen viele Politiker nicht sensibel genug um?

LESEN

A1

1	teilen	**4**	angeben
2	verwöhnen	**5**	schwinden
3	übermitteln	**6**	entschädigen

A2

1	c	**4**	c
2	b	**5**	c
3	a	**6**	c

A3
1. indigene Völker, Indigene, Ureinwohner, „Wilde", „edle Wilde"
2. Völker, die ein bestimmtes Gebiet als erste besiedelt haben; die freiwillig ihre kulturelle Besonderheit wahren; die sich selbst als geschlossene Gemeinschaft sehen, die sich von anderen unterscheidet und auch so wahrgenommen oder anerkannt wird.
3. Weil gerade diese Völker äußerst behutsam mit der Natur und den Ressourcen umgehen.
4. Man nimmt ihnen ihren angestammten Lebensraum: Waldflächen werden vernichtet, Bäume werden nicht nur für den Holzexport gefällt, sondern auch um neue Weide- und Anbauflächen zu schaffen. Ihnen wird durch internationale Konzerne ihr Lebensraum genommen und die Erlaubnis dazu geben die Regierungen der Länder, in denen diese Völker leben.

B1 individuelle Lösung

B2

1	und	**6**	gerechtere/bessere
2	um	**7**	handelt/hilft/agiert
3	sie	**8**	nötig/notwendig
4	durch	**9**	umwandeln
5	ihren/deren	**10**	Jeder

B3	**1**	*und:* Konnektor	**6**	*gerechtere/bessere:* Adjektiv
	2	*um:* Konnektor (um ... zu = Finalsatz)	**7**	*handelt/hilft:* Verb
	3	*sie:* Personalpronomen/ Subjekt	**8**	*nötig/notwendig:* Adverb
	4	*durch:* Präposition	**9**	*umwandeln:* Verb
	5	*ihren/deren:* Possessivpronomen/ Relativpronomen	**10**	*Jeder:* Pronomen

HÖREN

A1 mögliche Lösung:

Beweggründe: Krieg, Armut, Katastrophe im Heimatland, Hoffnung auf besseres Leben/bessere Arbeit, im Heimatland politisch verfolgt

Synonyme: Einwanderer, Immigrant, Zuwanderer

Herkunft: meist aus Entwicklungs-und Schwellenländern, aus dem ehemaligen Ostblock

Probleme: Kommunikations- und Sprachprobleme, Einheimische erkennen sie nicht an, niedrigerer Lohn als Einheimische, Heimweh, Arbeitslosigkeit, schmutzige und/oder schwere Arbeit

A2	**1**	f	**6**	r
	2	r	**7**	r
	3	f	**8**	r
	4	f	**9**	r
	5	r	**10**	r

B1	**1**	Studentin	**4**	ältere Dame
	2	ältere Dame	**5**	Studentin
	3	Moderator	**6**	Moderator

WORTSCHATZ und REDEMITTEL

A1	**1**	Sympathie	**6**	Bewunderung
	2	Freundschaft	**7**	Zärtlichkeit
	3	Zuneigung	**8**	Vertrauen
	4	Mitgefühl	**9**	Leidenschaft
	5	Respekt	**10**	Eifersucht

A2	**1**	j	**6**	a
	2	c	**7**	e
	3	d	**8**	g
	4	h	**9**	f
	5	i	**10**	b

A3 individuelle Lösung

Lösungsvorschlag:

An einer Person schätze ich vor allem Ehrlichkeit, denn ich verstehe Ehrlichkeit als Verlässlichkeit und es ist mir wichtig, dass ich mich auf jemanden verlassen kann. Verantwortungslosigkeit kann ich hingegen gar nicht leiden, weil sie mich sowohl im Privatleben als auch im Berufsleben sehr ärgert. Außerdem lege ich großen Wert auf Sorgfalt. Auch Fröhlichkeit löst bei mir Sympathie aus, da fröhliche Menschen Lebenslust und Genuss zeigen, die mir einfach wohltun.

A4

im Beruf:	Anpassungsfähigkeit, schnelle Auffassungsgabe, Ausdauer, Fachkompetenz, Flexibilität, Kompromissbereitschaft, Teamfähigkeit, Zuverlässigkeit
in der Schule, an der Uni, in der Ausbildung:	Anpassungsfähigkeit, schnelle Auffassungsgabe, Ausdauer, Flexibilität, Teamfähigkeit
im Privatleben, in der Partnerschaft:	Anpassungsfähigkeit, Einfühlungsvermögen, Flexibilität, Kompromissbereitschaft, Zuverlässigkeit

A5 individuelle Lösung
Lösungsvorschläge:
im Beruf:
Im Beruf muss man über *Anpassungsfähigkeit* verfügen, weil die moderne Arbeitswelt sich ständig verändert. *Fachkompetenz* ist wichtig wegen der wachsenden Erfordernisse im Beruf. *Zuverlässigkeit* spielt in allen Bereichen des Lebens eine wichtige Rolle, da man sich auf uns verlassen können muss.

in der Schule/an der Uni/ in der Ausbildung:
Auffassungsgabe: um sich schnell und nachhaltig das Wissen anzueignen
Ausdauer: Manchmal sind die Ziele, die man sich gesetzt hat, schwierig. Um nicht bei den ersten Schwierigkeiten aufzugeben, braucht man Ausdauer.

im Privatleben/in der Partnerschaft:
Einfühlungsvermögen: keine Beziehung kann funktionieren, wenn man sich nicht in die Lage des anderen versetzen kann.
Zuverlässigkeit: Man muss sich auf den anderen verlassen können, um Vertrauen aufbauen und damit eine tiefe Beziehung leben zu können.

B1

positive Reaktion:	Das sehe ich genauso. / Ich teile voll und ganz diese Auffassung.
skeptische Reaktion:	Ich bezweifle, dass … / Ich bin nicht ganz sicher, ob … / Stimmt. Allerdings frage ich mich, ob … / Da habe ich einige Bedenken.
ablehnende Reaktion:	Da bin ich ganz anderer Meinung. / Dem kann ich nicht zustimmen. / Ich kann mir kaum vorstellen, dass …

B2 individuelle Lösung
Lösungsvorschlag:
Was mich also angeht, so steht hauptsächlich Vertrauen im Vordergrund. Allerdings ist auch das Aussehen nicht unwichtig, da die Person, die ich liebe, zumindest in meinen Augen schön sein muss. Sie braucht aber kein Model zu sein. Ferner lege ich großen Wert auf Geselligkeit, weil ich selber auch kontaktfreudig bin und die Pflege von Beziehungen mit dem Partner/der Partnerin gemeinsam leben möchte.

B3 individuelle Lösung
Lösungsvorschlag:
Ich teile voll und ganz diese Auffassung, denn Vertrauen ist in der Tat die Grundlage jeder dauerhaften Beziehung. Beim Thema „Aussehen" habe ich jedoch einige Bedenken. Ich bin nicht sicher, ob eine Beziehung, in der es auf das Aussehen ankommt, lange halten kann.

C1

1	Persönlichkeit	**5**	Spannungen	**9**	vor allem
2	Interessen	**6**	muss	**10**	beobachten
3	Weise	**7**	Streitereien	**11**	verlieren
4	Wahrnehmung	**8**	Mitmenschen	**12**	Lösung

C2 Es **trifft (0)** sicherlich zu, dass man **unter (1)** Freundschaft viele verschiedene Sachen versteht. Was mich angeht, so **bin ich (2)** der Ansicht**,** dass es in einer Freundschaft hauptsächlich auf das Vertrauen **ankommt (3)**. Nur dann, wenn man seinem Freund **alles (4)** anvertrauen kann, lässt sich von einer wahren Freundschaft sprechen, denn man soll sich auf seinen Freund unbedingt verlassen können. Mag sein, dass auch andere Faktoren wie **etwa (5)** angenehmes Aussehen, gute Laune oder **gemeinsame (6)** Interessen von Bedeutung sind; sie spielen für mich allerdings nicht die entscheidende Rolle. Wenn man **einer (7)** Person absolut vertrauen kann, dann fühlt man sich sicher und **geborgen (8).** Hinzu kommt die Tatsache, dass die Person, die man zu **seinem (9)** Freund bestimmt hat, auch zuhören können muss. **Sonst/Andernfalls (10)** kann von einer wirklichen Freundschaft keine Rede sein.

SCHREIBEN

A1

Talent-Show: Eine Talent-Show ist eine Veranstaltung, in/bei der Kandidaten versuchen, auf sich aufmerksam zu machen, damit sie Stars, z.B. Musiker oder Schauspieler, werden.

Werbung: Unter Werbung versteht man alle Maßnahmen, die ergriffen werden, um ein Produkt bekannt zu machen. Dazu gehören z.B. Spots im Radio und Fernsehen, Plakate oder Anzeigen in Zeitungen und Zeitschriften.

Styling: Als Styling bezeichnet man alles, was jemand unternimmt, um attraktiv oder modisch auszusehen. Dazu gehören unter anderem: modische Kleidung, eine im Trend liegende Frisur, Make-up, aber auch ein bestimmter Habitus, also Verhalten oder Einstellung.

A2 individuelle Lösung

Lösungsvorschläge:

- Zum Thema „Talent-Show" fällt mir Folgendes ein: bekannt/berühmt werden, viel Stress, Jury, aber auch: idealisierte Darstellung von Produkten, suggestive Vorgehensweise, Illusion einer heilen Welt, Glück durch Medienpräsenz.
- Bei dem Begriff „Werbung" muss ich immer an Information bzw. Manipulation sowie an eine suggestive Vorgehensweise der Werbemacher denken, aber auch an die Illusion von einer heilen Welt, vom Glück durch Konsum, an die idealisierte Darstellung von Produkten, teurer Markenkleidung und Kosmetika.
- Mit dem Ausdruck „Styling" verbinde ich z.B. teure Markenkleidung und Kosmetika sowie echten Schmuck oder Bijou-Schmuck.

B1 individuelle Lösung

C1a individuelle Lösung

C1b

1	mitteilen	**6**	erfüllen
2	vorstellen	**7**	legen
3	eingetreten	**8**	wenden
4	verreisen	**9**	vorbereitet
5	entschuldigen	**10**	gehen

C2

1	erfüllen	**6**	bedauerlich
2	sich mit einer Frage an jemanden wenden	**7**	unverzüglich
3	Krankheitsfall	**8**	zu einem späteren Zeitpunkt
4	eintreten	**9**	relevant
5	termingerecht	**10**	großen Wert auf etwas legen

SPRECHEN

A1 individuelle Lösung

Lösungsvorschläge:

Streben nach Karriere und Erfolg, Probleme bei der Vereinbarung von Beruf und Familie, hohe Flexibilität zeigen, Stress, neue Medien, Mobilität, Einsamkeit, Individualismus, neue Formen des Zusammenlebens

A2 individuelle Lösung

B1 mögliche Lösung:

Vorteile:
- diese Serien sind moderne Märchen, die einen die Realität vergessen lassen; man taucht in eine Fantasiewelt ein sie regen die Fantasie und Kreativität an
- man lernt auf eine unterhaltsame Weise Neues aus der Welt derTechnologie und Wissenschaft (z.B. Relativitätstheorie, Quantentheorie)

Nachteile:
- diese Serien folgen immer dem gleichen Muster, sie sind also vorhersehbar und deshalb langweilig
- die Handlung ist meistens trivial, die Special Effects verdecken nur die Einfallslosigkeit der Drehbuchautoren, die am Fließband produzieren
- man kann süchtig danach werden

C1 individuelle Lösung

6 Kunst und Kultur

WORTSCHATZ und STRUKTUREN

A1a	**Farben:**	dunkelbraun, türkis, grell, bunt, dunkel, leuchtend, matt
	Atmosphäre, Stimmung:	heiter, traurig, idyllisch, harmonisch, chaotisch, romantisch
	Motiv:	ein Mensch, eine Frau, ein Mann, ein Tier, ein Auto, ein Garten
	Formen:	rechteckig, dreieckig, viereckig, rund, quadratisch
B1	**Bildhauer/in:**	Joseph Beuys, Eva Mazzucco
	Dirigent/in:	Herbert von Karajan, Kurt Masur
	Komponist/in:	Ludwig van Beethoven, Wolfgang Amadeus Mozart, Franz Schubert, Richard Wagner
	Maler/in:	Gustav Klimt, Gabriele Münter
	Regisseur/in Choregraf/in:	Pina Bausch, Werner Herzog, Wolfgang Petersen
	Schriftsteller/in:	Johann Wolfgang Goethe, Rainer Maria Rilke
B2	**Architektur:**	das Gebäude, die Säule
	Bildhauerei:	der Bildhauer, die Skulptur, die Statue
	Film:	der Drehbuchautor, der Schauspieler
	Literatur:	die Dichtung, die Erzählung, der Roman, der Schriftsteller
	Musik:	die Bühne, der Dirigent, der Klang, der Komponist, der Pianist, der Tenor
	Tanz:	die Bühne, der Tänzer

B3
1 eine Bühne
2 den Künstler
3 ein Budget
4 einen Ausdruck
5 einen Verein
6 eine Zeitung

B4 individuelle Lösung

B5
1 a
2 a
3 b
4 b
5 a
6 b

LESEN

A1
1 b (Z. 15–17)
2 c (Z. 23–25)
3 b (Z. 28–31)
4 b (Z. 32–35)
5 b (Z. 51–52, 57–59)

B1
a 5
b 1
c 2
d -
e 6
f -
g 4
h 3

HÖREN

A1

	Köln-Zentrum	Köln-Kalk	Köln-Poll
Preis:	210 Euro	250 Euro	12 Euro
Beginn:	1. September	15. September	15. Oktober
Themen:	Modern Art	Basteln, Werken und Gestalten	Malen und Zeichnen
Anmeldung:	persönlich	telefonisch	online
Altersgruppe:	ab 12	ab 14	ab 16
Wochenend-angebote:	September	Oktober	November
Extras:	keine Probestunde	keine Probestunde	Probestunde
Zahlung:	keine Teilzahlung	Teilzahlung	keine Teilzahlung
Telefonnummer:	0221 67 63 04	0221 21 72 13	0221 70 15 51
Projekte:	Schulprojekte	Comictage	Ausstellungen

WORTSCHATZ und REDEMITTEL

A1

1	Sobald	**6**	Obwohl	**11**	sowie
2	damit	**7**	immer wieder	**12**	Bisher
3	Darauf	**8**	weil	**13**	Allerdings
4	sodass	**9**	um	**14**	denn
5	wobei	**10**	In diesem Zusammenhang	**15**	tatsächlich

A2 individuelle Lösung
Lösungsvorschlag:
Zu den wichtigsten Erfindungen/Entdeckungen, die im Text genannt werden, zählen vor allem: Ackerbau, Tierzucht und Bau von Tempeln und Pyramiden Darüber hinaus erwähnt der Verfasser auch die Erfindung der Druckerpresse, der Dampfmaschine sowie den Bau von Fahr- und Flugzeugen. In diesem Zusammenhang fallen mir folgende weitere Beispiele ein: die Erfindung des Computers und des Internets, die Entdeckung der Viren und Bakterien in der Medizin und die neuen Erkenntnisse in der Hirnforschung.

A3 individuelle Lösung
Lösungsvorschlag:
Der größte Vorteil von Ackerbau und Tierzucht liegt meines Erachtens darin, dass der Mensch dadurch sein Überleben sichern konnte und Zeit und Energie für weiteren Fortschritt gewann. Allerdings brachte der Fortschritt auch eine Reihe von Nachteilen mit sich, wie zum Beispiel die Umweltzerstörung und Ausrottung von vielen Tier- und Pfanzenarten. Auch die Entschlüsselung des genetischen Codes finde ich bedenklich, denn damit wird der Mensch manipulierbar. Andererseits bietet diese Entdeckung aber tatsächlich auch viele Chancen in der Bekämpfung von Krankheiten wie Parkinson, Krebs oder Alzheimer.

B1 mögliche Lösung:

persönliche Gefühle:
- diese Musik fasziniert mich
- Hip Hop hat etwas Direktes und Ehrliches und trotzdem Poetisches und manchmal sogar auch Zärtliches
- Es bleibt etwas, was mich an dieser Musik immer noch sehr bewegt
- Ich liebe diese Musik

positive Aspekte:
- der Protest gegen Rassismus, Perspektivlosigkeit und Unterdrückung
- die Lieder enthalten Hoffnung
- direkt und ehrlich

negative bzw. fragwürdige Aspekte:
- eine nicht selten sehr brutale Sprache, ein problematisches Verhältnis zu Gewalt und Drogen
- harte Texte, rauer Ton
- sehr dunkle Seiten

B2 individuelle Lösung
Lösungsvorschlag:
Im vorliegenden Blogbeitrag geht es um das Thema Hip Hop. Darin beschreibt die Autorin ihre Erinnerungen, die sie mit Hip Hop verknüpft und ihr problematisches Verhältnis dazu. Sie thematisiert zum Beispiel die bedenklichen Aspekte dieser Musikrichtung, wie etwa die brutale Sprache und ein bedenkliches Verhältnis zu Drogen und Gewalt. Andererseits unterstreicht sie jedoch die positiven Seiten von Hip Hop als Protestmusik und beschreibt mit sehr warmen Worten ihre eigen Gefühle, die sie für diese Musik empfindet.

B3 individuelle Lösung

C1
1 Wahrheit, Wirklichkeit, Wahrnehmung
2 entstanden, geschafft, geschaffene
3 Kunst, Technik, Art
4 beeindruckt, abgedruckt, Beeindruckend
5 künstlichen, künstlerische, artig

SCHREIBEN

A2
1 Bezeichnung
2 Bücherei
3 enthalten
4 die Meinung vertreten
5 etwas zutreffend sagen
6 möglich machen
7 entweder ... oder
8 Kontakt halten
9 zurücklassen
10 einfach
11 weit weg
12 sich vorstellen

A3 individuelle Lösung

B1 individuelle Lösung

B2 Es wird heutzutage sehr viel über Kunstpflege und Unterstützung von Künstlern gesprochen und weil man ständig mit diesem Thema konfrontiert wird, möchte ich nun auch etwas dazu sagen. **Was mich persönlich angeht, so kann ich mit diesen Begriffen nicht viel anfangen, denn ich glaube, dass** die Arbeit eines Künstlers entweder vom Publikum akzeptiert wird oder eben auch nicht. **Was soll man da großartig fördern?** Wenn ein Künstler wirklich gut ist, dann wird er sicherlich irgendwann mal auch erfolgreich und braucht eigentlich keine zusätzliche Unterstützung. **Aus diesem Grund bin ich auch dagegen, dass der Staat Kunstprojekte unterstützt. Es handelt sich doch** um das Geld der Steuerzahler und damit sollen Straßen gebaut werden und Krankenhäuser in Stand gehalten werden. **Künstlerförderung halte ich in unseren Tagen daher für unnötigen Luxus. Ich habe natürlich nichts gegen die Kunst, aber ich glaube, dass man auf andere Weise Künstler unterstützen kann**. Zum Beispiel können die Anbieter in den sozialen Netzwerken junge und begabte Menschen vorstellen und so dem Publikum bekannt machen. Das hätte den Vorteil, dass die Künstler schnell bekannt werden und die Internetnutzer können dann mit Likes mitteilen, ob sie ihre Arbeiten interessant finden. **Schließlich soll das Publikum selbst entscheiden.**

B3 b – Er ist nur gegen die staatliche Subventionierung.

B4 individuelle Lösung
Lösungsvorschlag:
Ich bin nicht damit einverstanden, dass junge Künstler nur von privaten Sponsoren unterstützt werden, da ich meine, dass Kunst und Kultur gesellschaftliche Werte darstellen, die vom Staat gefördert werden sollen. Er glaubt, dass Kunst ein unnötiger Luxus sei. In diesem Aspekt stimme ich seiner Meinung nicht zu, denn ich glaube, dass eine Gesellschaft, die ihre Künstler vergisst, keine Zukunft hat.

B5 individuelle Lösung

C1 individuelle Lösung

D2 individuelle Lösung
Lösungsvorschlag:
In Ihrem Inserat haben Sie versprochen, dass Sie Beiträge zu Kulturveranstaltungen weltweit verfassen würden. Stattdessen fand ich nur Artikel zu den Veranstaltungen in den deutschsprachigen Ländern.
Ferner sollte Ihre Zeitschrift Buchbesprechungen zu den Klassikern der Weltliteratur enthalten. Das entspricht nur teilweise den Tatsachen, denn Buchbesprechungen, die ich gefunden habe, haben nur Kriminalliteratur behandelt.
Auch sollte es für unsere jungen Leser einen Überblick und eine Einführung in die Kinder- und Jugendliteratur geben. Doch stattdessen fand ich mehrere Ausgaben ohne Beiträge zur Kinder- und Jugendliteratur.
Schließlich habe ich der Information in Ihrem Inserat geglaubt, dass das Abonnement für ein Jahr gilt und nicht automatisch verlängert wird. Zu meiner Verärgerung musste ich jedoch feststellen, dass das Abonnement ohne meine Einwilligung verlängert wurde und das Geld automatisch von meinem Konto abgebucht wurde.

D3 individuelle Lösung

SPRECHEN

A1 individuelle Lösung

A2 **für:** Es ist ein Teil meiner Heimat und der Vergangenheit ihrer Einwohner. In dieser Sprache fühle ich Geborgenheit und etwas sehr Vertrautes.
Das erweitert mein Weltbild!
gegen: Plattdeutsch ist schon fast ausgestorben.
Es ist keine Alltagssprache mehr.
Platt als Unterrichtsfach?! Verlorene Zeit!

B1 individuelle Lösung

C1 individuelle Lösung

7 Medienlandschaft und Information

WORTSCHATZ und STRUKTUREN

A1

Printmedien: Brief, Buch, Flugblätter, Plakate, Zeitschriften, Zeitungen

elektronische Medien: App, CD, DVD, E-Book, E-Mail, E-Reader, Fernsehen, Film, Hörbuch, Internet, Rundfunk/ Hörfunk/Radio, Zeitschriften und Zeitungen in online-Version

A2

positiv: Informationen vermitteln, Korruption aufdecken, die Objektivität, Skandale aufdecken, die Unterhaltung

negativ: falsche Tatsachen wiedergeben, Gewalt zeigen, die Informationsflut, die Propaganda

A3

Was die tagesaktuellen Medien betrifft, so nutzen die 14- bis 29-Jährigen am häufigsten das Internet, während sie das Medium Zeitung am wenigsten nutzen. Die 50+-Generation sieht am liebsten fern, nämlich durchschnittlich 302 Minuten pro Tag, aber sie nutzt kaum das Internet. Die 30- bis 49-Jährigen sehen genauso wie die 50+-Generation am liebsten fern, lesen aber kaum Zeitung. Das Medium, welches im Vergleich zu den letzten Jahren den höchsten Anstieg verzeichnet, ist – wie zu erwarten war – das Internet.

A5

Auf die Frage, ob nur schlechte Nachrichten gute Nachrichten seien, räumte Herr Gebhardt zunächst einmal ein, dass die Menschen mit negativen Nachrichten regelrecht bombardiert würden. Da komme bei ihm aber die Frage auf, ob nicht auch wir, die Konsumenten dieser Nachrichten, eine Mitschuld an dieser Situation tragen würden/ trügen. Er fragt, ob wir denn wirklich Positives hören, lesen oder sehen wollten.
In Russland habe sich diesbezüglich ein interessantes Phänomen beobachten lassen: Unlängst hätten sich Redakteure des russischen Onlinedienstes „City Reporter" genau dieses Anliegen – Ermunterndes und Hoffnungsvolles vorzustellen – zu Herzen genommen und (hätten) beschlossen, einen ganzen Tag lang nur positive Nachrichten zu senden. Das Ergebnis sei jedoch wider Erwarten ein unglaublicher Misserfolg gewesen, denn die Auflage sei um ein Drittel gesunken. Offenbar interessiere es nur wenige, wenn etwas Positives passiere. Nachdem sich nun der „City Reporter" wieder dem Bösen und Schlechten auf der Welt zugewandt habe, sei seine Leserschaft auf einmal wieder zurückgekehrt.
Er wolle dieses Beispiel nicht überbewerten und sich zu der Behauptung hinreißen lassen, dass die Leser tatsächlich nur Negatives lesen wollten, aber offenbar habe nur Ungewöhnliches oder Außergewöhnliches auch tatsächlich einen Nachrichtenwert.

B1

1 heuer, Jänner
2 zusperren
3 eine Beilage
4 parkieren
5 Spital
6 die Matura
7 Pensionisten
8 die Identitätskarte
9 Velo
10 Garage

LESEN

A1

1 K
2 E
3 A
4 F
5 B

B1

1 d
2 c
3 a
4 a
5 b
6 c
7 b
8 b
9 d

HÖREN

A1

1 f
2 f
3 f
4 r
5 f
6 f
7 r
8 f
9 f
10 f

WORTSCHATZ und REDEMITTEL

A1

1	c	**6**	d
2	a	**7**	b
3	g	**8**	h
4	j	**9**	f
5	e	**10**	i

A2

1	Berichterstattung	**6**	Mediengesetz
2	Bildungsauftrag	**7**	Meinungsbildung
3	Einschaltquote	**8**	Netzwerke
4	Glaubwürdigkeit	**9**	Unterhaltungsprogramm
5	Massenmedien	**10**	Wissenswertes

A3

1	e	**6**	a
2	h	**7**	f
3	g	**8**	b
4	d	**9**	j
5	c	**10**	i

A4

positive Bewertung: aufklären, beeinflussen, bilden, enthüllen, ermöglichen, informieren, nachforschen, unterhalten, sich vergnügen

negative Bewertung: beeinflussen, entstellen, lügen, schwindeln, vertuschen

A5 individuelle Lösung
Lösungsvorschlag:
Eigentlich erwarte ich von den Massenmedien, dass sie sich vor allem um Glaubwürdigkeit bemühen, indem sie objektiv über Fakten berichten. Ferner sollten sie auch Wissenswertes, wie Dokumentarfilme nicht vernachlässigen. Aber die Wirklichkeit sieht häufig ganz anders aus. Sie sollten das Publikum sowohl unterhalten als auch bilden. Auf gar keinen Fall sollten sie Fakten oder Geschehnisse vertuschen.

B1

1	vor	**6**	auf
2	am	**7**	auf
3	im	**8**	in
4	im	**9**	im
5	per	**10**	aus

B2 individuelle Lösung
Lösungsvorschlag:
Aus beruflichen Gründen nutze ich am häufigsten das Internet. Deshalb verbringe ich die meiste Zeit vor dem Computer. Aus diesem Grund möchte ich in meinem Privatleben kein Internet nutzen und höre stattdessen Radio oder sehe ab und zu auch eine Sendung oder einen Spielfilm im Fernsehen, um mich zu entspannen.

C1

1	betreffen	**3**	treiben	**5**	aufhören
2	erhalten	**4**	isolieren	**6**	besprechen

C2

1	beinhaltet	**3**	kreieren / schaffen	**5**	anvertrauen
2	begegnen	**4**	Aufmerksamkeit schenkt	**6**	vereinsamt

C3 individuelle Lösung
Lösungsvorschlag:
Paul ist der Ansicht, dass die Menschen durch das Internet zunehmend vereinsamen. Außerdem glaubt er, das Internet sei nur ein oberflächliches Medium, in dem es keine substantielle, zwischenmenschliche Kommunikation gibt.

C4 individuelle Lösung

SCHREIBEN

A1

1	Überwachungsgesellschaft	**3**	digitale Revolution	**5**	Der Android
2	Cyberspace	**4**	Die künstliche Intelligenz	**6**	Privatsphäre

A2 mögliche Lösung:
Es wird voraussichtlich so sein, dass der Cyberspace eine sehr große Rolle in unserem Leben spielen wird. Wir werden höchstwahrscheinlich in eine virtuelle Realität eintauchen, so wie wir heute vor dem Computerbildschirm sitzen. Die künstliche Intelligenz wird wohl ebenfalls zu unserem Alltag gehören und intelligente Roboter werden uns überall begleiten. Ob sie dann wie Androide aussehen oder nicht, ist meiner Ansicht nach nicht so entscheidend. Die digitale Revolution wird sich in den nächsten Jahren bestimmt noch weiter beschleunigen, aber ich glaube nicht, dass wir in einer Überwachungsgesellschaft leben werden, obwohl wir uns um unsere Privatsphäre Sorgen machen sollten, denn in einer so hoch entwickelten Technologie wird die Gefahr des Missbrauchs mutmaßlich noch größer als heute sein.

B1 individuelle Lösung

C1 individuelle Lösung

SPRECHEN

A1 individuelle Lösung

B1

1	Doku-Soap	**6**	Zeichentrickfilm
2	Telenovela	**7**	Dokumentarfilm
3	Talkshow	**8**	Sportsendungen
4	Reportage	**9**	Gesundheitsmagazin
5	Spielfilm	**10**	Nachrichten

B2 individuelle Lösung

B3 individuelle Lösung

C1 individuelle Lösung

8 Natur und Klima

WORTSCHATZ und STRUKTUREN

A1	**Tiere:**	Haustiere, Insekten, Käfer, Nutztiere, Säugetiere, Schädlinge, Vögel, Wildtiere
	Pflanzen:	Algen, Bäume, Blumen, Getreide
	Mikroorganismen:	Bakterien, Viren,Vielzeller
	Licht:	Polarlicht, Sonne
	Wasser:	Meer, Moor, See, Teich
	Gesteine:	Granit, Kristalle, Marmor, Quarz
	Naturphänomene:	Erdbeben, Hurrikan, Tsunami

A2 / A3

1 ja
2 nein
3 nein
4 nein
5 ja
6 ja

B1

1 e
2 d
3 b
4 a
5 c

B2

In jedem Ökosystem gibt es einen Stoffkreislauf, der aus Produzenten, Konsumenten und Destruenten besteht. Betrachten wir zuerst die Produzenten.
Sie produzieren Biomasse, indem sie wachsen bzw. sich vermehren. Für ihr Wachstum brauchen sie lediglich Sonnenlicht und Nährstoffe. Die Gruppe der Konsumenten kann man in mindestens zwei Gruppen einteilen: Nämlich in Pflanzen- und Fleischfresser. Während sich die Pflanzenfresser von den Produzenten ernähren, fressen die Fleischfresser andere Konsumenten. Die Destruenten hingegen zersetzen tote Produzenten und Konsumenten und wandeln diese in Nährstoffe um. Destruenten sind vor allem Bakterien und Pilze. Die beiden letzteren sind wichtig, um den Kreislauf wieder zu schließen.

B3

individuelle Lösung

B4

1 Als tropischer Regenwald wird eine Vegetationsform bezeichnet, die nur in der Klimazone der immerfeuchten Tropen anzutreffen ist.
2 Passivbildung nicht möglich
3 Es werden zahlreiche Produkte hergestellt, welche ihren Ursprung im Regenwald haben: Palmöl für den Schokoaufstrich, Kautschuk für unsere Autoreifen, Zellulose für unser Papier oder Holz für unsere Möbel./ Zahlreiche Produkte werden hergestellt, die ihren Ursprung im Regenwald haben: Palmöl für den Schokoaufstrich, Kautschuk für unsere Autoreifen, Zellulose für unser Papier oder Holz für unsere Möbel.
4 Aber wir werden noch wesentlich mehr vom Regenwald beeinflusst.
5 Vom Regenwald werden Unmengen des Treibhausgases CO_2 gespeichert und ungefähr 40 Prozent des Sauerstoffs in unserer Atmosphäre produziert.
6 Obwohl die Regenwaldzerstörung schon sehr weit fortgeschritten ist, kann dieser Prozess noch gestoppt oder zumindest verlangsamt werden.

LESEN

A1

a 4
b 2
c -
d 6
e 3
f -
g 5
h 1

B1

1 d
2 c
3 g
4 b
5 f
6 h

HÖREN

A1	**1**	b	**2**	a
A2	**1**	ausbreiten	**4**	eingeschleppt
	2	vorkommen	**5**	ausgestorben
	3	bedroht		
A3		b		
A4	**1**	b	**4**	c
	2	a	**5**	b
	3	b	**6**	b
A5	**1**	Abiturient	**4**	Moderator
	2	Tierfilmerin	**5**	Tierfilmerin
	3	Tierfilmerin	**6**	Abiturient

WORTSCHATZ und REDEMITTEL

A1	**A**	Lawine	**D**	Überschwemmung		
	B	Hagel	**E**	Wirbelsturm		
	C	Erosion				
A2	**1**	Erosion, -erosion	**4**	Überschwemmung (2x)		
	2	Wirbelsturm (2x)	**5**	Lawine		
	3	Hagel				
B1	**1**	d, e	**4**	f		
	2	e	**5**	c		
	3	a, b				
B2	**1**	auf	**4**	an	**7**	nach
	2	zur	**5**	für		
	3	zu	**6**	für		
B3	**1**	führt	**4**	hat/trägt		
	2	sind	**5**	entfesselt		
	3	hat				
B4	**1**	Gewächshaus	**5**	erhöhen	**9**	Planeten
	2	Heizkörper	**6**	weckt	**10**	betragen
	3	Strahlung	**7**	Folgen	**11**	entstehen
	4	Hindernis	**8**	unterscheiden	**12**	so
C1	**1**	beiträgt	**5**	unsere	**9**	dass
	2	sobald	**6**	Wissenschaft	**10**	mit
	3	verlassen	**7**	für	**11**	die
	4	Gebirge	**8**	Deshalb	**12**	man

SCHREIBEN

A1

1	reduzieren	**5**	benutzen	**9**	vermeiden
2	bevorzugen	**6**	sparen, ausschalten	**10**	trennen
3	werfen	**7**	einbauen	**11**	duschen
4	umsteigen	**8**	verzichten	**12**	kaufen, tragen

A2 individuelle Lösung

B1 individuelle Lösung

C2 individuelle Lösung

SPRECHEN

A1 mögliche Lösung:
Als besonders beeindruckend empfinde ich den Sonnenuntergang, wenn ich am Meer sitze. Der ganze Himmel nimmt auf einmal prächtige Farben an, an denen ich mich gar nicht satt sehen kann.

A3 mögliche Lösung:
Für mich ist die Natur in erster Linie harmonisch, weil alles seinen Platz hat und gerade deshalb schön und gut ist. Genau diesen Aspekt der Natur halte ich für außergewöhnlich. Manchmal ist die Natur aber auch unberechenbar, wild und beängstigend, wenn sie zum Beispiel Naturkatastrophen hervorruft.

B1 individuelle Lösung

C1 individuelle Lösung

9 Technik und Fortschritt

WORTSCHATZ und STRUKTUREN

A1

1	die Luftpumpe	**5**	der Hubschrauber	**9**	das C-Leg
2	das MP3-Format	**6**	das Telefon	**10**	die Kernspaltung
3	der Fernseher	**7**	die Chipkarte	**11**	der Kühlschrank
4	der Computer	**8**	der Scanner	**12**	die Straßenbahn

A2

1	Luftpumpe	**5**	Hubschrauber	**9**	Chipkarte
2	Telefon	**6**	Kernspaltung	**10**	MP3-Format
3	Straßenbahn	**7**	Computer	**11**	Kühlschrank
4	Fernsehen	**8**	Scanner	**12**	C-Leg

B1

1	unbekanntes	**7**	reiner	**13**	menschlichen
2	neuer	**8**	reinen	**14**	einige
3	entdeckte	**9**	riesige	**15**	physikalischen
4	griechischen	**10**	weiteren	**16**	chemischen
5	klassische	**11**	sogenannte		
6	neuzeitlichen	**12**	anderen		

B2

1	Z. 25	**3**	Z. 13–16	**5**	Z. 21–24
2	Z. 16–18	**4**	Z. 6–8	**6**	Z. 11–12

B3

mögliche Lösung:
In der Energietechnik findet Titan z.B. in Off-Shore-Anlagen (Windparks) Anwendung. Darüber hinaus benutzt man Titan auch in der Luft- und Raumfahrt (innerhalb von Triebwerken), in der Medizin (Implantate wie z.B. Herzschrittmacher), in der Schmuckindustrie (Piercing-Stifte) und im Schiffbau (Legierungen, Schiffskörper). Weitere Anwendungsgebiete: Zahnmedizin, Automobilindustrie und Fahrrad-Herstellung.

LESEN

A1

1	D	**4**	F
2	A	**5**	I
3	H		

B1

1	den	**5**	dir	**9**	(zu)senden (zu)schicken
2	der/ihrer	**6**	geben	**10**	Übernachtung/ Unterkunft
3	die/viele	**7**	was		
4	sein	**8**	nach		

HÖREN

A1

1	a	**4**	a	**7**	c
2	a	**5**	b	**8**	c
3	b	**6**	a		

WORTSCHATZ und REDEMITTEL

A2 mögliche Lösung:

1. Es wurde fälschlicherweise angenommen, dass die Entdeckung der Röntgenstrahlen keinen praktischen Nutzen hätte. Doch inzwischen weiß man, wie wichtig diese Entdeckung vor allem für die Medizin ist. Mit Röntgenstrahlen kann man z.B. Knochenbrüche feststellen. Sie sind aus unserem Leben gar nicht mehr wegzudenken.
2. Diese Auffassung war falsch, da man die Gesetze der Aerodynamik nicht genug kannte. Inzwischen weiß man, dass die Kenntnis dieser Gesetze uns erlaubt, z.B. Flugzeuge zu bauen.
3. Man hat irrtümlicherweise geglaubt, dass Mikroorganismen wie Bakterien nicht existieren. Es war damals noch nicht bekannt, dass die meisten Krankheiten durch Bakterien verursacht werden und dass man sie bekämpfen konnte.
4. Man hat irrtümlicherweise geglaubt, dass Erdöl nutzlos sei. Man kann sich gar nicht vorstellen, wie die Welt heute aussehen würde, wenn wir z.B. kein Benzin hätten. Denn Erdöl ist die Basis von Benzin.
5. Eine friedliche Nutzung der Kernenergie galt damals als unvorstellbar, denn es fehlte die Technologie, um die Atomspaltung zu kontrollieren.
6. Für uns gilt es heute als selbstverständlich, einen oder mehrere PCs zu Hause zu haben. Als aber die ersten Computer gebaut wurden, wurde fälschlicherweise angenommen, dass Computer nur wissenschaftlichen Zwecken dienen können.

A3

1	Ausbilder	**6**	Vorfahrt
2	Hypothese	**7**	Wahrscheinlichkeit
3	Brauchtum	**8**	Labor
4	Erfahrung	**9**	berücksichtigen
5	Ursache	**10**	verständnisvoll

A4

1	betreiben	**4**	funktionieren	**7**	verbringen
2	war	**5**	herausfinden	**8**	nachweisen
3	verfolgt	**6**	entdecken	**9**	stelle … fest

B1 mögliche Lösung:
Unter dem Begriff „Radioaktivität" versteht man die Eigenschaft von bestimmten chemischen Elementen, Strahlung zu erzeugen. Dabei werden große Mengen an Energie frei.

B2 mögliche Lösung:
Die Radioaktivität findet vielfältige Anwendung: Sie wird beispielsweise in der Medizin oder in der Archäologie verwendet. Sie dient auch zur Stromerzeugung.

B3

1	Risiken	**5**	Händen	**9**	Kernenergie
2	Entdeckung	**6**	Vision	**10**	Störfälle
3	Zweifel	**7**	Atombombe	**11**	Verhältnis
4	Nutzen	**8**	Nutzung	**12**	Ethik

C2

1	a	**5**	a	**9**	b
2	a	**6**	b	**10**	a
3	b	**7**	a		
4	b	**8**	b		

C3 individuelle Lösung

SCHREIBEN

A1 individuelle Lösung

B1 individuelle Lösung

SPRECHEN

A1 individuelle Lösung

B1 mögliche Lösung:
clever, intelligent, einfallsreich, innovativ,
etwas Apartes/Schickes/Elegantes/Exquisites/Feines

B2 mögliche Lösung:
Durch die Bezeichnung „smart" soll der Eindruck entstehen, dass ein Produkt sich durch besondere Eigenschaften wie Intelligenz, Anwendungsvielfalt oder Eleganz auszeichnet. Wir sehen das zum Beispiel an den Mobiltelefonen, die sich durch die Bezeichnung *Smartphone* von den herkömmlichen Handys abheben sollen.

C1 individuelle Lösung

10 Studium und Studentenleben

WORTSCHATZ und STRUKTUREN

A1

1 sein/studieren
2 sein
3 bekommen
4 absolvieren/ anfangen/aufnehmen/ beenden
5 anfangen/aufhören/fertig werden
6 fallen
7 abschließen/ beenden/schreiben
8 abbrechen/ abschließen/absolvieren/ aufnehmen/beenden
9 sein/stehen
10 einhalten
11 besuchen
12 besuchen
13 bestehen
14 halten

A2a

a 3
b 7
c 1
d 4
e 5
f 6
g 2

A2b

individuelle Lösung

A2c

1 Du kannst auf der Rückseite deines Studentenausweises einen Campusplan finden.
2 Du kannst dich unter diesem Link um einen Wohnheimplatz bewerben.
3 Den Speiseplan der Mensa kannst du unter der App der Uni Bayreuth finden
4 Ja, die Mensa bietet veganes Essen an. In der Mensa kannst du ganz bequem mit deinem Studentenausweis bezahlen.
5 Über den Online-Katalog kannst du dich direkt darüber informieren, in welcher Bibliothek dein Buch steht.
6 Eine Notenübersicht kannst du ganz einfach mit Campus-Online erstellen.
7 In deinem Zulassungsbescheid.
8 Auch alle Anmeldungen für Klausuren laufen über Campus-Online

A2d

1 g
2 j
3 m
4 a
5 l
6 d
7 e
8 h
9 i
10 k
11 f
12 c
13 b
14 n

A2e

mögliche Lösung:

1 Die Dozentin hofft darauf, dass die Studierenden vor allem Freude am Experimentieren finden.
2 Nachdem sie die Klausur geschrieben hatte, konnte sie diese dann online abschicken.
3 Bei schwerer oder wiederholter Täuschung droht die Exmatrikulation.
4 Ihr Kommilitone Oliver arbeitet neben dem Studium bei der Deutschen Bank.
5 Vor der Immatrikulation wird von der Universität ein Nachweis der Krankenversicherung des Studenten verlangt.
6 Eine Lehrveranstaltung lebt vor allem vom Engagement sowohl der Lehrenden als auch der Lernenden.

A3a

Erklärung:	das heißt, nämlich, und zwar
Mittel, Art und Weise:	dadurch (... dass), hiermit, indem
Bedingung:	falls, vorausgesetzt (... dass)
Zweck:	damit, um ... zu
Ersatz:	anstatt (... dass), sondern, statt (... dass), stattdessen

A3b

1 indem
2 Um
3 nämlich / und zwar
4 anstatt
5 Wenn / Vorausgesetzt dass

LESEN

A1

1 a
2 c
3 b
4 b
5 b
6 c

B1

1 b
2 d
3 e
4 g
5 h
6 a

HÖREN

A1

1 R
2 a
3 F
4 a
5 R
6 b
7 F
8 b
9 F
10 a

B1

1 c
2 b
3 a
4 c
5 a
6 c
7 c
8 c

WORTSCHATZ und REDEMITTEL

A1

1 Das Problem existiert, dass …
2 Probleme achten
3 Probleme konfrontieren
4 Probleme nehmen

A2

A Probleme mit dem Dozenten
B Mobbing
C Einsamkeit
D Leistungsdruck
E Kinderbetreuung
F Finanzielle Probleme

A3

A B, C
B E
C A, B
D F
E D

A4

1 empfohlen
2 rät
3 Ratschläge
4 hilfreich
5 Ihnen
6 würde
7 solltest

A5

mögliche Lösung:

Bei Problemen mit dem Dozenten würde ich empfehlen, dass der/die Betroffene zuerst ein Gespräch mit diesem führt und wenn das nichts nützt, dann sollte er/sie sich an einen Vertrauensdozenten wenden und ihm die Situation erklären. Wenn es um finanzielle Probleme geht, dann würde ich der betroffenen Person raten, eine Sozialberatungsstelle des Studentenwerks zu besuchen um gemeinsam eine Lösung zu finden.

B1a

1 Struktur
2 Empfängers
3 „Sehr geehrte(r)"
4 Studienfach
5 Kandidat
6 Qualifikationen
7 Fähigkeiten
8 Zustimmung
9 „Mit freundlichen Grüßen"
10 Unterschrift

B1b

1 Es fehlt die Adresse der Bewerberin.
2 das Wort „Betreff" sollte nicht erscheinen
3 falsche Anrede
4 Im Anschreiben steht nicht, warum man sich für das Studienfach interessiert und warum man ein geeigneter Kandidat dafür ist.
5 Es fehlen die Fähigkeiten und Qualifikationen.
6 Es fehlt der Schlusssatz.
7 falscher Gruß
8 keine Unterschrift
9 schlecht lesbare Schrift

B2a

1 Kompetenzen
2 Hochschulbewerbung
3 Dokument
4 Lichtbild
5 Daten
6 Werdegang
7 Ausbildungsschritte

B2b

1 falsche Überschrift („Mein")
2 Das Foto muss nach rechts oben.
3 Das Foto ist unseriös.
4 Die Postleitzahl fehlt.
5 Die Reihenfolge des Werdegangs ist weder chronologisch noch gegenchronologisch.
6 „Mathe" statt Mathematik
7 Sprachkenntnisse und Praktika sollten am Ende des Lebenslaufes stehen.

B2c individuelle Lösung

SCHREIBEN

A1

1 Z. 1–2: keine besonders hohen Studiengebühren
Z. 5: Elite bedeutet vor allem geistige Elite
2 Z. 9–10: im Prinzip (...) jeder, der das Gymnasium absolviert und die Abi-Prüfung bestanden hat, sich an einer solchen Hochschule immatrikulieren
Z. 12–13: An einigen Unis braucht man eine sehr gute Abiturnote
3 Z. 14: wegen des guten Rufs
4 Z. 14–15: dass die Studenten (...) diese so zahlreich besuchen, dass die Hörsäle total überfüllt sind. Das geht natürlich oft auf Kosten der Qualität der Seminare und Vorlesungen
5 Z 17: eine deutsche Elite-Uni sei eigentlich nur eine Massenuni
Z. 19–22: elitärer Charakter, die Idee der Elite-Uni verstößt gegen das Prinzip der Gleichheit und steht im Widerspruch zum Bildungsauftrag einer Universität

A2 individuelle Lösung

B1 individuelle Lösung

C2 individuelle Lösung

SPRECHEN

A1 individuelle Lösung

A2 individuelle Lösung

11 Arbeitswelt und Recht

WORTSCHATZ und STRUKTUREN

A1

1 e
2 g
3 i
4 d
5 a
6 j
7 h
8 c
9 b
10 f

A2

1 Vorstellungsgespräch
2 Erfahrung
3 Anzeige
4 Gehalt
5 Lebenslauf
6 Beförderung
7 Kündigung

B1

1 gewonnen, verdient
2 lernen, studieren, erfahren, gelesen
3 bekommt, nimmt
4 anrufen, telefoniert
5 ausgeben, spende, sparen
6 Weißt, können, kennen

LESEN

A1

1 a
2 d
3 c
4 b
5 c
6 c
7 a
8 d
9 b

B1

1 a
2 b
3 c
4 b
5 c
6 c

C1

1 h
2 f
3 c

D1

1 persönlichen
2 haben
3 Prozent
4 Berufen
5 Dazu
6 als
7 wurde
8 eines
9 genannt
10 Sektor
11 dritten
12 IT-Bereich
13 Bildungswesen
14 allerdings
15 Qualitäten
16 allem
17 machen
18 war
19 durch
20 der

E1

1 sucht
2 bis
3 haben
4 dann
5 gepflegte/angenehme / o.Ä.
6 zu
7 aber
8 wie zum Beispiel / wie beispielsweise)
9 erwartet
10 entfernt

HÖREN

A1

1 Moderatorin
2 Moderatorin
3 Berufsberater
4 Schülerin
5 Berufsberater
6 Schülerin

WORTSCHATZ und REDEMITTEL

A1

1 h	**4** a	**7** d
2 e	**5** b	**8** g
3 f	**6** c	

A2

1 befristete Arbeitsverträge	**4** Outsourcing
2 Gleitzeit	**5** Freizeitausgleich
3 Umschulung	

A3 mögliche Lösung:
Die Gleitzeit finde ich grundsätzlich positiv, weil sie den Beschäftigten die Möglichkeit bietet, die Arbeitszeit ihren Bedürfnissen entsprechend zu regeln. Outsourcing finde ich dagegen ausgesprochen negativ, wenn man bedenkt, dass die Arbeitnehmer meist keine Sicherheit und keinen festen Arbeitsplatz haben.

B1

1 Flexibilität	**5** Eigenverantwortung	**9** belastbar
2 flexibel	**6** Teamgeist	**10** mobil
3 Fachkompetenz	**7** flache Hierarchien	
4 fachkompetent	**8** Initiative	

B2 mögliche Lösung:
Meines Erachtens kommt es heutzutage vor allem auf Flexibilität an, denn ohne Flexibilität hat man kaum eine Chance auf dem heutigen Arbeitsmarkt. Durch die Digitalisierung der Arbeitswelt muss der Arbeitnehmer ständig neue Technologien beherrschen. Man sollte aber auch über hohe Fachkompetenz verfügen, weil nur gut ausgebildete Fachkräfte Aussichten haben, auf dem heutigen Arbeitsmarkt zu bestehen

SCHREIBEN

A1 individuelle Lösung

B1 individuelle Lösung

SPRECHEN

A1 individuelle Lösung

B1 individuelle Lösung

12 Politik und Wirtschaft

WORTSCHATZ und STRUKTUREN

A1

Geschichte, Politik: die Blütezeit, der Dienst, der Gegner, der Grund und Boden, das Heer, der Herrscher, der Kampf, der König, der Krieg, der Kriegsdienst, der Kriegseinsatz, das Lösegeld, machthungrig, die Rüstung, die Schlacht, der Stand, der Untergang, die Unterlegenheit, verarmen, die Waffe, der Wandel

Wirtschaft: die Ausgaben, der Besitz, die Einnahmen, die Einnahmequelle, der Grund und Boden, der Grundbesitz, die Landwirtschaft, die Lebenshaltung, verarmen, das Vermögen, der Wandel

A2

1 Hersteller
2 Verbraucher
3 Qualität
4 Preis
5 Wahl
6 Kennzeichnung
7 Schnäppchen

A3

für: die Demokratie, alternative Energiequellen, den Frieden, Frauenrechte, die Gleichberechtigung, die Meinungsfreiheit, Menschenrechte, die Gleichstellung, die Lohnerhöhung, die Vielfalt

gegen: die Arbeitslosigkeit, Atomkraftwerke, prekäre Beschäftigungsverhältnisse, die Diktatur, den Krieg, die Lohnsenkung, die Mieterhöhung, die soziale Ungerechtigkeit, die Unterdrückung

A4

individuelle Lösung

A5

1 Wer studiert hat, findet oft schneller einen Arbeitsplatz.
2 Wer lange am Computer sitzt, sollte ab und zu eine Pause machen.
3 Wer mit den sozialen Verhältnissen unzufrieden ist, sollte sich an entsprechenden Demonstrationen beteiligen.
4 Wem die Arbeit nicht gefällt, sollte sich einen neuen Job suchen.
5 Wen Wahlen nicht interessieren, soll sich nicht über die Politiker beschweren.

LESEN

A1

1 b
2 a
3 b
4 b
5 a

B1

a 6
b 4
c 5
d -
e 3
f 1
g 2
h -

C1

1 selbstverständlich
2 damit
3 solche
4 anbieten
5 muss
6 stehen
7 tragen
8 Den
9 die
10 Einnahmen
11 wie
12 oder
13 zu
14 Wenn
15 konsumieren
16 Staat
17 am
18 aber
19 zahlen
20 sein

D1

1 C
2 D
3 E
4 H
5 K

HÖREN

A1

	Graz	Salzburg	Wien-Altstadt
Preis pro Person:	110 Euro	178 Euro	45 Euro
Dauer:	10 Stunden	12 Stunden	5,5 Stunden
Höhepunkt des Programms:	Nachtspaziergang	Besichtigung Festung	Besichtigung Hofburg
Gruppengröße maximal:	12 Personen	10 Personen	8 Personen
im Preis inbegriffen:	Weinprobe	Eintritt und Mittagessen	Eintritt für die Hofburg
Anzahl der Toursprachen:	7 Sprachen	10 Sprachen	3 Sprachen
Online-Buchung:	nur für Wochentage	nur für Wochentage	nicht möglich
kostenlose Stornierung:	bis 3 Tage vor Termin	bis 7 Tage vor Termin	nicht möglich
Telefon:	12 09 85 64	12 09 64 82	12 64 53 85
Treffpunkt:	Rathaus	Wiener Heldenplatz	Hotel

B1

1	f	**6**	r
2	f	**7**	r
3	r	**8**	f
4	r	**9**	r
5	f	**10**	f

SCHREIBEN

A1 individuelle Lösung

SPRECHEN

A1 individuelle Lösung

TRANSKRIPTIONEN

1 Sport und Freizeit

Track 1-2 **Aufgabe A1**
Hören Sie die Ansagen und notieren Sie.
1
Hören Sie die Zahlen und schreiben Sie mit:

17 70 73 37 187 789 1946 26.923 639.627 1.987.324

Track 3 **2**
Hören Sie die Distanzen und schreiben Sie mit:

100 m 800 m 1500 m 3000 m 20 km 10.000 km

Track 4 **3**
Hören Sie die Jahreszahlen und schreiben Sie mit:

1993 1784 1290 2003 1844 1647 1345 1945 1918 1989 2016

Track 5 **4**
Hören Sie die folgenden Daten und schreiben Sie mit:

21. August 1987 30. April 2003 12.03.1887 19. März 1289
3.10.1990 7. Mai 1945 29.08.1992

Track 6 **Aufgabe A2**
Hören Sie die folgende Nachricht und ergänzen Sie die fehlenden Informationen. Sie hören den Text einmal.

Was können Menschen leisten und was nicht? Werden unsere Leistungssportler immer schneller? Springen oder werfen sie immer weiter? Wo liegt die natürliche Grenze? Wissenschaftler haben die sogenannte Extremwerttheorie entwickelt, mit deren Hilfe u.a. die maximale Leistung von Spitzensportlern errechnet werden kann.
Als der jamaikanische Sprinter Usain Bolt die 100 Meter in nur 9,58 Sekunden lief, hatte er sich dem von Wissenschaftlern errechneten Wert von 9,29 Sekunden extrem stark genähert. Das war am 16.08.2009 in Berlin.
Der Weltrekord bei den 200-Meter-Läufern liegt bei 19,19 Sekunden (0). Auch ihn hält der Sprinter Usain Bolt aus Jamaika, aufgestellt am 20.08.2009, ebenfalls in Berlin.
Der Kubaner Javier Sotomayor erreichte im Hochsprung (1) sagenhafte 2,45 Meter. Diesen Rekord stellte er am 27.07.1993 (2) in Salamanca auf.
Im Stabhochsprung liegt der Weltrekord bei 6,14 Meter (3), gehalten vom legendären Sergej Bubka aus der Ukraine (4) und aufgestellt am 31.07.1994 in Sestriere.
Wissenschaftler haben errechnet, dass die mögliche Bestleistung einer Frau im 100-Meter-Lauf bei 10,33 Sekunden liegt. Florence Griffith-Joyner aus den USA lief diese Strecke in 10,49 Sekunden.
Auch die Speerwerferin Barbora Špotáková näherte sich der errechneten Bestmarke. Sie warf den Speer 72,28 Meter (5) weit. Diese sensationelle Leistung erbrachte die Leichtathletin aus Tschechien (6) am 13.09.2008 in Stuttgart.
Der momentane Weltrekord im 400-Meter-Lauf der Damen wird von Marita Koch aus der ehemaligen DDR gehalten: In 47,60 Sekunden (7) schaffte sie diese Strecke am 06.06.1985 (8) in Canberra.
Die 400-Meter-Hürden wurden in 52,34 Sekunden (9) von Julija Petschonkina aus Russland (10) gelaufen und zwar am 08.08.2003 in Tula.

Track 7 **Aufgabe B1**

Sie hören im Radio ein Interview mit einer Persönlichkeit aus der Wissenschaft. Sie hören den Text zweimal. Wählen Sie bei jeder Aufgabe die richtige Lösung. Lesen Sie jetzt die Aufgaben 1 bis 6. Dazu haben Sie 90 Sekunden Zeit.

(M: Moderator, H: Dr. Hoßfeld)

M: Herr Dr. Hoßfeld, wieso riskieren immer mehr Menschen in ihrer Freizeit ihr Leben mit Extrem- und Funsportarten?

H: Sie wollen vor allem Spaß (1)! Aber auch die Flucht vor der Langeweile des Alltags, Experimentierfreude, die Suche nach einem Glücksgefühl, nach Grenzwerterfahrungen spielen dabei eine große Rolle. Andere Motive, die darauf zielen, seine eigenen Ängste zu überwinden sind eher selten und gelten eher für echte Extremsportler. Die wählen dann Sportarten mit unkalkulierbaren Risiken, wie Apnoe-Tauchen – also Tiefseetauchen ohne Sauerstoffflaschen – oder Freeclimbing.

M: Man hat ja den Eindruck, dass die Bereitschaft, in seiner Freizeit Risiken einzugehen, in den letzten Jahren größer geworden ist. Ist das tatsächlich so?

H: Ja, und das vor allem durch die Medien. Immer wieder werden Extremsportler in Werbe-Kampagnen als Idole dargestellt. Und nicht zu vergessen die Netzwerke, bei denen Aufnahmen von gefährlichen Aktivitäten hochgeladen werden. Die persönliche Anerkennung erfolgt dann durch Like-Buttons. Das reizt dann die Jugendlichen, beeindruckende aber auch halsbrecherische Aktivitäten auszuprobieren und aufzunehmen (2).

M: Sind Männer eigentlich im Sport risikobereiter als Frauen?

H: Das kann man so nicht sagen. Frauen sind in einigen Trendsportarten aktiver. Nur: Frauen probieren nicht um jeden Preis eine neue Sportart aus. Sie kalkulieren das Risiko besser.

M: Und wie sieht es mit dem Alter aus?

H: Jugendliche beschäftigen sich natürlich häufiger mit Extremsport als beispielsweise 50-jährige (3). Das liegt daran, dass sie einfach fitter sind und noch nicht so viele negative Erfahrungen gemacht haben wie ältere Menschen.

M: Das Bildungsniveau spielt doch da sicher auch eine Rolle.

H: Ja, und der Job. Wer den ganzen Tag am Schreibtisch sitzt, hat sicherlich ein größeres Bedürfnis nach Bewegung als jemand, der körperliche Arbeit verrichten muss. Und nicht zu vergessen: Manche Funsportarten können sich nur Leute leisten, die ein höheres Einkommen haben, weil die Ausrüstung einfach zu teuer ist (4).

M: Kommen wir nun zu den Extremsportlern, die das beruflich machen (5). Ich denke da an den Österreicher Felix Baumgarten, der ja einen Sprung aus 35km Höhe gewagt hat. Wie kommt es zu derartigen Extremleistungen?

H: Tja, wir leben einfach in einer Zeit der Extreme und da werden Extremleistungen eben immer wieder durchgeführt (5).

M: Ja, aber Baumgartner riskiert doch trotz bester Vorbereitungen sein Leben!

H: Das ist richtig! Er verdient sein Geld damit und sucht deshalb auch immer nach neuen Rekorden. Der Spaß tritt dabei in den Hintergrund. Wichtig ist, dass er nicht das Gefühl für die Gefahr verliert, denn ehrlich gesagt: Der Tod springt immer mit!

M: Ist das nicht auch Geltungssucht, die da eine Rolle spielt? Oder spielen da die Hormone eine Rolle?

H: Weder noch. Es ist eher der Kick, die Lust auf Angst. Man begibt sich in eine gefährliche Situation und kommt dann irgendwann wieder im „wahren" Leben an. Und dann kann man sagen „I did it", zu Deutsch „Ich hab`s gepackt", und man fühlt sich dann viel besser. Es ist die Ausschüttung von Endorphinen, die die Menschen süchtig nach Höchstleistungen macht.
Die Sicherheit sollte jedoch immer an erster Stelle stehen. Oft haben Profis ein Team von Ärzten, Technikern und Psychologen um sich, das sie unterstützt und auf ihre Sicherheit und Gesundheit achtet. Solange die Sicherheit des Sportlers gewährleistet ist, finde ich Extremsport in Ordnung (6). Problematisch wird es, wenn man seine Grenzen nicht kennt und dann auch noch von Sponsoren unterstützt wird.

M: Herr Dr. Hoßfeld, ich danke Ihnen für das interessante Gespräch.

Sie hören jetzt den Text noch einmal.

2 Alltag und Routine

Track 8

Aufgabe B1

Sie hören jetzt eine Radiosendung. Lesen Sie die Aussagen 1 bis 10 und kreuzen Sie jeweils die richtige Lösung an. Sie hören den Text zweimal.

(PW: Planet Wissen, N: Carsten Niemitz)

„Alle Menschenaffen lachen!"

Abschnitt 1

PW: Heute ist Professor Carsten Niemitz bei uns im Studio zu Gast. Carsten Niemitz ist Professor an der FU Berlin. Er arbeitet am Institut für Biologie, Arbeitsbereich Humanbiologie und Anthropologie. Dort betreibt er unter anderem Lachforschung am Menschenaffen und am Menschen (1). Wie kamen Sie auf die Idee, das Lachen zu erforschen?

N: Hintergrund war unsere Forschung zur Entstehung menschlicher Sprachfähigkeit. Dazu wollten wir die Vorläuferkommunikationen erforschen, also Arten der Kommunikation, die es schon vor der Sprache gab. Die Affen zum Beispiel reden nicht, schreiben auch nicht, aber sie kommunizieren trotzdem und das funktioniert prima (2). Wir haben uns entschieden, besonders die Mimik, aber auch die Gestik der Affen zu untersuchen.

Abschnitt 2

PW: Welches Ergebnis hat Sie am meisten fasziniert?

N: Vorher gab es keinen harten Beweis, dass menschliches Lachen wirklich etwas Angeborenes ist. Der ist nun erbracht (3). Lachen und auch das „Aufnehmen" beziehungsweise das Verstehen des Lachens durch das Gegenüber sind genetisch festgelegt. Lachen tritt schon bei Babys auf. Dort hat es nur eingeschränkte Funktion. Durch das Lachen suchen Babys die Zuwendung des Sozialpartners (4). Deswegen lachen Säuglinge, die ja in der Welt absolut schutzlos sind, sehr viel. Witze verstehen Babys nicht. Sie haben keinen Humor. Es ist ein völlig anderes Lachen als beim erwachsenen Menschen. Es dient der Kontaktaufnahme.

PW: Dann gibt es im Leben des Menschen verschiedene Entwicklungsstufen beim Lachen?

N: Das Babylachen dient der Kontaktaufnahme (4). Ein Fünfjähriger kann sich schon über lustige Situationen freuen und darüber lauthals lachen. Dass man jemanden bewusst anlacht, also der Einsatz des Lachens als Strategie, beginnt erst im Schulalter (5). Das können Kinder erst, wenn sie auch bewusst schwindeln können, etwa im Alter von sechs bis sieben Jahren.

Abschnitt 3

N: In den folgenden Jahren, etwa bis zur Pubertät, entwickelt sich die Bindungsfunktion des Lachens in der Gruppe (6). Durch das Lachen entscheidet sich, wer zu einer Gruppe gehört und wer nicht. Lacht die Gruppe mit einem oder mag man selber nicht mit der Gruppe lachen? Das heißt also, die bindende und zugleich auch trennende Funktion des Lachens entwickelt sich vom zehnten Lebensjahr bis zur Pubertät, wenn besonders häufig Gruppenbildungsprozesse auftreten.

PW: Man sagt, dass Kinder bis zu 300-mal am Tag lachen und Erwachsene nur noch 20- mal. Verliert der Mensch im Lauf des Lebens die Fähigkeit zu lachen?

N: Die große Diskrepanz erklärt sich aus der unterschiedlichen Qualität des Lachens. Im Säuglingsalter geht es um Beschwichtigung. Das Kind amüsiert sich nicht im eigentlichen Sinne. Es hat eine völlig andere Funktion als das amüsierte Gemeinschaftslachen der Erwachsenen. Dass Menschen im Alter weniger lustig wären, lässt sich jedenfalls nicht anhand der Lachhäufigkeit nachweisen – und stimmt wohl auch nicht (7).

Abschnitt 4

PW: Kann man einen echten von einem falschen Lacher unterscheiden?

N: Der kontrollierte Lacher, der höfliche oder hämische Lacher, alle, die vom Gehirn gemacht und nicht natürlich oder spontan sind, gehen mit weniger Mimik einher und setzen langsamer ein. Der echte Lacher ist explosiv. Das Vollbild der Mimik ist nach weniger als einer halben Sekunde da. Wenn es länger dauert, dann weiß das Gegenüber, dass das Lachen durch die grauen Zellen gegangen ist und glaubt es nicht mehr. Es erkennt so, dass es nicht vom Herzen kommt (8).

PW: Warum geben Menschen überhaupt vor zu lachen?

N: Da gibt es sehr viele verschiedene vorstellbare Situationen. Einmal der Wille zu einer Gruppe zu gehören. Zum anderen geben Menschen häufig vor zu lachen, um höflicher zu sein. Lachen hilft auch häufig Situationen zu überspielen, etwa eine peinliche Gesprächslücke. Falsche Lacher werden aber fast immer vom Gegenüber entdeckt (9). Sogar die Peinlichkeit über diese Situation lässt sich neben dem falschen Lacher zeitgleich im Gesicht des Ertappten ablesen. Die menschliche Mimik ist so komplex, dass sie mehrere Gefühle gleichzeitig ausdrücken kann.

PW: Können Tiere lachen?

N: Alle Menschenaffen lachen. Bei den Affen ist das Atmen, das bei uns den Schall erzeugt, als rhythmisches Vibrieren nachzuweisen. Ein Schimpanse kann richtig lachen, wenn auch nicht sehr laut. Bei den Hundsaffen, zum Beispiel den Pavianen und den Makaken, ist das Lachen in dieser Form noch nicht gegeben. Aber auch sie haben wenigstens ein amüsiertes, sogenanntes Spielgesicht. Das heißt, in Situationen, in denen sie sich amüsieren, zeigen sie lächelnde Mimik (10), aber noch nicht diese starke akustische Komponente des Lachens. Das Lächeln hat auch hier Bindungsfunktion. Das ist auch der große Unterschied, der in der Evolution von den Menschenaffen zu den Menschen hinzukommt: Mit der Akustik sieht nicht nur der gegenüber, der ins Gesicht schaut, die Emotion, sondern sie wird an alle im Umkreis gesendet. Schallwellen breiten sich, im Gegensatz zum Licht, in alle Richtungen aus.

PW: Herr Professor Niemitz, vielen Dank für das Gespräch!

N: Gern geschehen.

Hören Sie nun das Interview noch einmal.

Track 9 **Aufgabe B2**
Hören Sie den ersten Abschnitt des Interviews noch einmal und ergänzen Sie die Lücken.

PW: Heute ist Professor Carsten Niemitz bei uns im Studio zu Gast. Carsten Niemitz ist Professor (0) an der FU Berlin. Er arbeitet am Institut für Biologie (1), Arbeitsbereich Humanbiologie und Anthropologie (2). Dort betreibt er unter anderem Lachforschung am Menschenaffen und am Menschen (3). Wie kamen Sie auf die Idee, das Lachen zu erforschen?

N: Hintergrund war unsere Forschung zur Entstehung menschlicher (4) Sprachfähigkeit. Dazu wollten wir die Vorläuferkommunikationen erforschen, also Arten der Kommunikation (5), die es schon vor der Sprache (6) gab. Die Affen zum Beispiel reden (7) nicht, schreiben (8) auch nicht, aber sie kommunizieren (9) trotzdem und das funktioniert (10) prima. Wir haben uns entschieden, besonders die Mimik (11), aber auch die Gestik (12) der Affen zu untersuchen.

3 Gesundheit und Medizin

Track 10

Aufgabe A1

Sie hören jetzt eine Radiosendung. Lesen Sie die Aussagen 1 bis 10 und kreuzen Sie jeweils die richtige Lösung an. Sie hören den Text zweimal.

SRF – Gesundheitsmagazin

(M: Moderatorin, G: Dr. Gerber)

Abschnitt 1

M: Reisen in ferne Länder – wer träumt nicht davon? Aber nur wer sich gut darauf vorbereitet und einige Ratschläge beachtet, kann solche Reisen auch wirklich genießen. Eine Sendung von Josefine Leitner.

Herr Dr. Gerber, Sie sind Arzt am Tropeninstitut Basel. Womit genau beschäftigen Sie sich?

G: Unser Institut ist das zweitgrößte reisemedizinische Zentrum in Basel und bedient circa 10.000 Reisende im Jahr, die hauptsächlich aus der Nordwestschweiz, Süddeutschland und Frankreich kommen (1). Wir beraten Reisende individuell, was die Vorsichtsmaßnahmen und empfohlenen Impfungen betrifft. Impfungen werden in der Regel direkt hier am Institut durchgeführt (2).

Abschnitt 2

M: Nun denkt man ja bei Fernreisen zuerst an Insekten oder giftige Tiere. Was raten Sie da Ihren Besuchern?

G: Nun, das hängt davon ab, wohin man reist. Wenn man in tropischen Ländern einen Abendausflug in der freien Natur macht, dann sollte man unbedingt eine Taschenlampe mitnehmen und Festes über den Knöchel reichendes Schuhwerk anziehen. Viele Gifttiere bewegen sich nämlich im Dunkeln. Die meisten Schlangen sind Nachttiere. 90 Prozent der Schlangenbisse sind am oder unterhalb des Knöchels. Beugen Sie vor: Nie auf der Erde schlafen, denn Kleidungsstücke, Schuhe, Nahrung etc. auf der Erde locken Spinnen, Skorpione und Schlangen an. Niemals tote Gifttiere anfassen (3)! Nie auf Gifttiere zugehen! Nie auf Bäume klettern – Baumschlangen sind fast alle giftig! Im Falle eines Gifttierunfalls bewahren Sie Ruhe und suchen Sie umgehend medizinische Hilfe auf. In Notfällen hilft auch die Botschaftsvertretung des jeweiligen Landes (4).

Ein anderes wichtiges Thema ist der Mückenschutz vor allem in Ländern in denen von Mücken übertragene Krankheiten vorkommen, z.B. Malaria. Für Länder mit einem Malariarisiko geben wir nicht nur Ratschläge, wie man sich vor Mücken schützen kann, sondern erörtern die entsprechenden Empfehlungen für eine Malariaprophylaxe oder ein Malaria-Notfallmedikament.

M: Und wie kann man sich vor Mücken schützen?

G: Am besten trägt man leichte, langärmlige Kleidung und lange Hosen. Es ist empfehlenswert, sich während und nach der Dämmerung in klimatisierten Räumen aufzuhalten, denn hier gibt es selten Mücken.

M: Wie ist es denn mit dem Sonnenschutz?

G: Wenn man mit Kindern in tropische Länder reist, sollte man daran denken, dass starke Sonnenbrände bis zum 15. Lebensjahr das Hautkrebsrisiko stark erhöhen (5). Also die Kinder, aber auch sich selbst, immer gut mit Sonnenblockern eincremen. Besonders am Meer sollte man Hut und T-Shirt tragen.

Abschnitt 3

G: Unterschätzen Sie in den tropischen oder subtropischen Ländern nicht die große Kälte in der Nacht oder im Gebirge. Vermeiden Sie auch hier körperliche Überbelastung und tragen Sie entsprechende Kleidung. Am besten mehrere Kleidungsstücke übereinander (6).

M: Man hört ja immer wieder von Lebensmittelvergiftungen. Was ist da zu beachten?

G: Immer wieder auf ausreichende Flüssigkeitszufuhr achten, auch wenn man kein Durstgefühl verspürt. In den Tropen und Subtropen sollte weder in guten Hotels noch unterwegs Leitungswasser getrunken werden (7). Meiden Sie Nahrungsmittel von Straßenhändlern oder Straßenrestaurants. Essen Sie auch nie rohen Fisch oder ungewaschenes Gemüse. Vorsicht bei Eiswürfeln! Die könnten Bakterien oder Viren enthalten, wenn sie aus Leitungswasser gemacht sind.

Abschnitt 4

M: Bei langen Flugreisen kann es ja zu den gefürchteten Thrombosen kommen. Dagegen hilft öfter im Flugzeug aufzustehen und hin und herzulaufen. Gibt es da noch mehr Tipps Ihrerseits?

G: Die von Ihnen genannte Maßnahme ist eine der wichtigsten gegen Thrombose. Aber auch viel trinken und Thrombosestrümpfe helfen hier. Es gibt aber auch noch andere Probleme bei Langstreckenflügen: Zum Beispiel der Flüssigkeitsverlust: In der trockenen Kabinenluft verliert der Körper Flüssigkeit durch Verdunstung; d.h. dass Haut und Schleimhäute austrocknen. Eine gute Feuchtigkeitscreme verringert den Flüssigkeitsverlust. Während eines Fluges sollte man circa 150ml eines alkoholfreien Getränkes pro Stunde zu sich nehmen (8). Weitere Maßnahmen zur Vorbeugung gegen Austrocknung der Haut- und Schleimhäute: Augentropfen (vor allem Kontaktlinsenträger) oder Augen- und Nasencremes, Haut- und Lippenbalsam vor allem bei trockener Haut zum Beispiel bei Personen mit allergischen Ekzemen und Neurodermitis (8).

Ein anderes Problem sind die Nachtflüge: Hier ist warme Kleidung zur Vorbeugung von Erkältungskrankheiten ganz wichtig, denn oft sind die Klimaanlagen im Flugzeug auf sehr niedrige Temperaturen eingestellt. Personen mit Empfindlichkeit der oberen Atemwege sollten ein Halstuch mitführen. Sinnvoll für Langstreckenflüge ist eine Kleidung die schichtweise an- bzw. ausgezogen werden kann, um sich den Temperaturschwankungen flexibel anpassen zu können, das sogenannte „Zwiebelprinzip". Aber auch Taucher können ein Problem bekommen. So sollten nach dem letzten Tauchgang und dem Abflug mindestens 24 Stunden liegen.

M: Uns erreichen auch immer wieder Anrufe von Diabetikern ...

G: ... Ja, wenn Sie es nicht angesprochen hätten, wäre ich auch auf diese Gruppe zu sprechen gekommen. Da die Medikamente des Diabetikers lebensrettend sein können, sollte dem Verlust vorgebeugt werden, d.h. eine zweite Ration im Reisegepäck (nicht im Koffer!) mitgeführt werden (9). Außerdem müssen Diabetiker immer genügend Traubenzucker, Kekse usw. auch bei kleinen Ausflügen mitnehmen. Insulin muss vor Frost und Hitze geschützt werden. Daher darf man Insulin nicht im Reisekoffer des Flugzeuges mitführen, denn im Frachtraum sind oft Minustemperaturen. Und: immer eine Kühlbox für Aufenthalte in heißen Ländern mitnehmen.

M: Ich persönlich hatte bei meiner letzten Schiffsreise Probleme: Ich war ganz einfach seekrank. Gibt es da außer Tabletten einzunehmen noch andere Tipps?

G: Also wir Fachleute sprechen da nicht von Seekrankheit, sondern von Reisekrankheit schlechthin, denn die gleichen Symptome können bei Bus-, Auto- oder Flugreisen auftreten. Am besten schließen Sie die Augen oder fixieren Sie feste Punkte in der Umgebung, bei Schiffsreisen die Horizontlinie. Wenn Sie nach unten blicken verstärkt das eher die Symptome. Wenn möglich legen Sie sich hin, Beine erhöht, Kopf ruhig halten. Von Vorteil ist es, wenn sie sich in der Nähe des Schwerpunktes des Fahrzeugs aufhalten. Beim Flugzeug ist das in Höhe der Tragflächen; beim Schiff: mittschiffs auf einem unteren Deck; beim Auto: als Beifahrer, in Bussen hinter dem Fahrer. Hier kann man in den Apotheken entsprechende Medikamente kaufen. Es gibt aber auch eine pflanzliche Alternative dazu: Ingwer (10). Und noch ein Tipp zum Schluss: Vergessen Sie einfach mal den Alltag. Passen Sie sich dem Lebensrhythmus des Landes an. Bestehen Sie nicht auf Gewohnheiten, die Sie aus Ihrem Heimatland kennen. Erholen Sie sich! Machen Sie auch Siesta, so wie die Einheimischen. Ärgern Sie sich nicht über unpünktliche Busse oder drängelnde Menschen. Nehmen Sie es als eine neue Erfahrung mit nach Hause.

M: Das waren Tipps und Empfehlungen von Herrn Dr. Gerber zu Reisen in ferne Länder. Vielen Dank für das Gespräch!

G: Gerne.

Sie hören jetzt den Text noch einmal.

4 Länder und Reisen

Track 11

Aufgabe A1
Hören Sie die Ansagen und notieren Sie.
1
Hören Sie die Namen und schreiben Sie mit:
Wie heißen Sie?

M: Ich heiße Goethe G-O-E-T-H-E, **Goethe**.
F: Mein Name ist Gusenburg: G-U-S-E-N-B-U-R-G, **Gusenburg**.
M: Ich bin Herr Gerber: G-E-R-B-E-R, **Gerber**.
F: Und ich heiße Möckel: M-Ö-C-K-E-L, **Möckel**.
M: Mein Name ist Schramm: S-C-H-R-A-M-M, **Schramm**.
F: Ich heiße Suarez: S-U-A-R-E-Z, **Suarez**.
M: Ich bin Herr Mathieu: M-A-T-H-I-E-U, **Mathieu**.
F: Mein Name ist Wolkowa, W-O-L-K-O-W-A, **Wolkowa**.
M: Und ich heiße Gülzo(w): G-Ü-L-Z-O-W, **Gülzo(w).**

2
Hören Sie die Uhrzeiten und schreiben Sie mit:
Wann treffen wir uns?

F: **Gegen 19.00 Uhr** vor dem Kino.
M: **Ungefähr um sieben** am Bahnhof.
F: **Genau um 19.45 Uhr** vor dem Hotel.
M: **Zwischen 7.00 und 7.30 Uhr** in der Lounge.
F: **Um halb 10** in der Mensa.
M: Am besten **um 21.30 Uhr** im Theater an der Garderobe.

3
Hören Sie den Text noch einmal.
Wo treffen sich die Leute?

F: Gegen 19.00 Uhr **vor dem Kino**.
M: Ungefähr um sieben **am Bahnhof**.
F: Genau um 19.45 Uhr **vor dem Hotel**.
M: Zwischen 7.00 und 7.30 Uhr **in der Lounge**.
F: Um halb 10 **in der Mensa**.
M: Am besten um 21.30 Uhr **im Theater an der Garderobe**.

Track 12

Aufgabe B1

Sie hören ein Gespräch mit zwei Personen, die Informationen austauschen. Hören Sie gut zu und ergänzen Sie entweder fehlende Informationen oder kreuzen Sie die entsprechenden Kästchen an. Sie hören den Text einmal.

F: Also, Sebastian, komm jetzt setz dich doch mal her, damit wir endlich über unseren Urlaub sprechen können.
M: Ich komme ... So, jetzt kann´s losgehen. Also, was hast du denn da Interessantes?
F: Schau, ich war doch heute im Reisebüro und hab mir da mal einige Last-Minute-Angebote angesehen: Also, da wären Dubai, Kuba und Ägypten im Angebot. Alles andere war zu teuer oder zu kurzfristig.
M: Wann sind denn die Reisetermine?
F: Also, ich finde ja Kuba total exotisch. Da ist der Abflug am 07.März.
M: Das ist mir etwas zu spät! Gibt´s nichts Früheres?
F: Ja, Ägypten wäre am 05.03.
M: Hmm ... So viel früher ist das ja auch nicht. Und Dubai?
F: Dubai am 6. März. Also sogar noch einen Tag später als Ägypten.

M: Dubai in dieser Jahreszeit … Das wäre nicht schlecht, wenn es da noch nicht so heiß ist! Sind das alles Flüge ab Wien?

F: Nach Dubai und Kuba fliegen alle von Wien ab. Siehst du: hier steht´s.

M: Stimmt! Und nach Ägypten … Moment mal … nach Ägypten ist der Abflug von Graz. Von Graz?! Da müssen wir ja erstmal nach Graz fahren …

F: Ja, aber das ist ein Direktflug. Hier steht´s: von Graz nach Marsa Alam in Ägypten nonstop, während die anderen beiden Flieger, also die nach Dubai und Kuba einen Zwischenstopp in Frankfurt machen.

M: Ach, so. Das ist auch nicht schlecht, wenn wir direkt nach Ägypten fliegen können. Lass mal sehen. Aah ja … Die Hotelkategorien sind auch gut: In Ägypten hätten wir ein Vier Sterne Hotel, aber keinen Meerblick! Und auf Kuba ein 5 Sterne Hotel. Siehst du die Hotelkategorie von Dubai? Ah … hier: und in Dubai auch ein 5 Sterne Hotel. Das ist ja toll!

F: Sind das bekannte Hotels?

M: In Dubai ist es das Park Hotel. So, wie heißt das Hotel auf Kuba? Moment … Ah! In Kuba ist es das Melia Marina Hotel im wunderschönen Varadero! Hach, wie das klingt – klingt das toll: VA-RA-DE-RO!

F: Ja, ok, wir sind ja noch nicht dort! Und in Ägypten heißt das Hotel Aurora Hotel. Ja, und schau mal hier: Der Preis für Ägypten ist ja echt ein Schnäppchen! Nur 654 Euro! Aber auch Kuba ist ein tolles Angebot!

M: Ja, die Reise nach Kuba kostet nur 1.455 Euro. Und hier: Dubai ist noch billiger als Kuba: 1.200 Euro pro Person!

F: Ja, aber das Angebot für Dubai enthält ja auch nur Halbpension. In dem Angebot für Kuba sind im Preis Frühstück, Mittagessen und Abendessen inbegriffen. Und in Ägypten hätten wir auch nur Halbpension.

M: Also Kuba wäre doch echt toll! Da gibt es auch Freizeitangebote für die Kinder. Und in Ägypten auch. … Aber in Dubai gibt es leider keine Angebote für Kinder.

F: Ja, aber bei dem Kuba-Angebot musst du das Wellness-Resort extra bezahlen.

M: So teuer kann das doch nicht sein. Danach müssen wir im Reisebüro fragen. In Dubai ist es im Preis enthalten und in Ägypten gibt es gar keinen Wellness-Bereich!

F: Was sollen wir denn in Dubai machen, wenn es nix für unsere Kinder gibt?! Dann lieber Kuba und wir bezahlen dann noch extra das Spa.

M: Ja, da hast du auch wieder Recht. In Dubai wird man vom Flughafen mit dem Bus abgeholt. Das ist natürlich super, aber kommt für uns ja nicht in Frage.

F: Und was ist mit Kuba?

M: In Kuba bekommt man für den Transfer ins Hotel einen Mietwagen. Ob man den extra bezahlen muss? Nein! Hier steht doch: Im Preis enthalten.

F: Und in Ägypten wird uns ein Taxi zur Verfügung gestellt.

M: Also, ich bin für Kuba: Da haben die Kinder Spaß, wir haben unseren Spa-Bereich und drei Mahlzeiten pro Tag. Was meinst du?

F: Einverstanden! Ich ruf gleich mal im Reisebüro an. Hoffentlich gibt es das Angebot noch …

Track 13

Aufgabe C1

Sie hören fünf Gespräche und Äußerungen. Sie hören jeden Text einmal. Zu jedem Text lösen Sie zwei Aufgaben. Wählen Sie bei jeder Aufgabe die richtige Lösung. Lesen Sie jetzt das Beispiel. Dazu haben Sie 15 Sekunden Zeit.

Beispiel

M: Für die Deutschen ist das eigene Land das Lieblingsreiseziel (01). Fast ein Viertel der Deutschen bevorzugt deutsche Reiseziele. Spanien liegt auf Platz 2, gefolgt von Italien. Aber welche Länder sind im internationalen Vergleich die meistbesuchten? Hier finden wir Frankreich auf Platz 1, denn dieses wunderschöne und gastfreundliche Land verbucht jährlich circa 84 Millionen Touristen. Danach folgen die Vereinigten Staaten und Spanien. Bei den europäischen Ländern liegt Deutschland übrigens auf Platz 5 (02). Ungefähr 35 Millionen Touristen kommen pro Jahr nach Deutschland.

Lesen Sie jetzt die Aufgaben 1 und 2.

M: Na? Wie war dein Urlaub in Venedig?

F: Wieso Urlaub?! Ich war doch nicht zur Erholung in Venedig. Meine Freundin und ich, wir haben uns der venezianischen Bürgerinitiative „No grandi navi" angeschlossen (1). Das bedeutet auf Deutsch: „ Keine Kreuzfahrtschiffe". Die Kreuzfahrtschiffe, die täglich durch Venedig fahren, bedrohen das Fundament der Stadt und richten größeren Schaden an als jedes Hochwasser. Außerdem fluten täglich 100.000 Tagesgäste Venedig, die diese alte Inselstadt für einen Fun-Park halten, der morgens aufmacht und abends wieder schließt. Die Einwohner von Venedig sind einfach nur noch genervt von den vielen Touristen, die Selfies ins Internet stellen und sich für die eigentliche Stadt mit ihrer wunderbaren Geschichte gar nicht interessieren (2).

Lesen Sie jetzt die Aufgaben 3 und 4.

M: Sollten Sie sich gerade in Polen aufhalten, dann hätten wir noch einen Tipp für Sie: Besuchen Sie doch das Salzbergwerk in Wieliczka. Mit mehr als 6500 Quadratmetern Fläche ist es das größte historische Untertagemuseum und seit 1978 gehört das Salzbergwerk Wieliczka sogar zum Weltkulturerbe der UNESCO (3). Aber nicht nur Touristen kommen, sondern auch Menschen mit Atemwegserkrankungen. Sie finden hier Linderung in der salzhaltigen Luft. Aber auch Heiratswillige treibt es tief ins Bergwerk. Sie können sich hier unter Tage vor einer prächtigen Kapelle aus Salzgestein trauen lassen (4). Generationen von Bergleuten haben diese Kapelle und wunderschöne Skulpturen ins Salzgestein gearbeitet.

Lesen Sie jetzt die Aufgaben 5 und 6.

F: Ach, Paris ist einfach wunderschön. Schatz, sag doch dem Kellner, er soll die Rechnung bringen (5). Warte mal, wie ist das eigentlich mit Trinkgeld? ...

M: Hast du das schon vergessen? Ok, du warst die letzten 20 Jahre in Peking (6), aber da hat man doch sicher auch Trinkgeld gegeben, oder?

F: In China ist eine gute Bedienung eine Selbstverständlichkeit. Und ein Trinkgeld ist dort schon fast eine Beleidigung. Niemand würde auf die Idee kommen Trinkgeld zu geben, höchstens in den Touristenzentren.

M: Was echt?! Also hier in Frankreich sind da ca. 10 Prozent üblich. Ich ruf jetzt mal den Kellner. „Garcon?" ...

Lesen Sie jetzt die Aufgaben 7 und 8.

M: Ich interessiere mich für Astro-Tourismus (7).

F: Ah, Sie sind ein Sternenfreund! Ja da haben wir dieses Jahr Einiges im Angebot. Was genau interessiert Sie denn?

M: Ich finde Botswana interessant. Dort ist der Nachthimmel frei von künstlichem Licht und man kann so die Himmelskörper besonders gut beobachten. Haben Sie da was im Angebot?

F: Ja, und zwar ... einen Moment ... Vom 1. August bis 11. August. Unterbringung wäre in einem Camp in Luxus-Safari-Zelten. Das ist fast schon wie im Hotel.

M: Und Essen und Trinken?

F: Alles im Preis inbegriffen (8). Allerdings müssen Sie den Flug extra buchen. Der ist nicht im Preis inbegriffen.

Lesen Sie jetzt die Aufgaben 9 und 10.

M: Sag mal, warum hast du für dein Auslandssemester Taiwan gewählt?

F: Hmmm ... Bevor ich vor einem Jahr nach Taiwan ging, hatte ich mir erstmal die Erfahrungsberichte anderer Studierender angesehen. Und die hatten mich überzeugt. Die Uni, also die NTU, ist die beste Taiwans und auch der Campus sah auf den Fotos sehr gepflegt aus. Als ich dann vor Ort war, konnte ich feststellen, dass die Fotos den Tatsachen entsprachen. Insgesamt kann ich sagen, dass dieses Auslandsjahr das aufregendste und interessanteste Jahr meines Lebens war (9). Ich habe Menschen aus aller Welt kennengelernt, bin in Berührung mit der asiatischen Kultur gekommen und so viel gereist, wie noch nie in meinem Leben zuvor (10).

5 Menschen und Beziehungen

Track 14

Aufgabe A2

Sie hören jetzt eine Radiosendung. Lesen Sie die Aussagen 1 bis 10 und kreuzen Sie jeweils die richtige Lösung an. Sie hören den Text zweimal.

(S: Anneke Schmiedl, D: Franzeskos Delatolas)

Abschnitt 1

S: Herr Delatolas, wir möchten heute über die Geschichte der Gastarbeiter sprechen. Aufgrund Ihres Namens vermute ich, dass Sie selbst auch einen Migrationshintergrund haben. Haben Sie italienische Vorfahren?

D: Möglicherweise. Ich komme von der griechischen Insel Tinos (1). Dort gibt es schon seit Jahrhunderten italienische Einwanderer. Wahrscheinlich stammt irgendein Vorfahre von mir tatsächlich aus Italien. Ich selbst fühle mich aber eher als Grieche, der in Deutschland eine zweite Heimat gefunden hat. Insofern liegt mir die Geschichte der „Gastarbeiter" besonders am Herzen.

S: Und diese Geschichte ist ja fast so alt wie die Bundesrepublik selbst. Oft hört man ja das Argument, dass die Deutschen für bestimmte Aufgaben keine Lust gehabt hätten und deshalb habe der deutsche Staat damit begonnen ausländische Arbeitnehmer und Arbeitnehmerinnen anzuwerben. Was erwidern Sie in solch einem Fall?

D: Nun ja, dieses Argument hört man immer wieder. Aber das trifft nicht den Kern der Sache. Fakt ist, dass Westdeutschland Anfang der 1950er Jahre permanent unter Arbeitskräftemangel litt (2). Und das in allen Bereichen, nicht nur bei der Müllabfuhr oder in den Bergwerken, wo es die Deutschen nicht gerade hinzog. Selbstverständlich waren ausländische Arbeiter eher bereit, schmutzige und körperlich schwere Arbeit zu verrichten, denn sie brauchten das Geld dringend, um sich in ihren Heimatländern eine neue Existenz aufzubauen. Interessant ist dabei, dass die meisten Arbeiter eigentlich nur ein paar Jahre bleiben und dann in ihre Heimat zurückkehren wollten. Niemand ahnte damals, dass sich Deutschland zu einem Einwanderungsland entwickeln würde (3). Doch was tatsächlich geschah, war die Tatsache, dass viele Arbeiter nach einigen Jahren doch in Deutschland bleiben wollten und auch ihre Familien nachholten.

Abschnitt 2

S: Das gefiel sicherlich nicht jedem ...

D: Ja, und leider gibt es auch heute noch konservative Politiker, die einfach nicht wahrhaben wollen, dass Deutschland ein Land mit Menschen unterschiedlicher Herkunft ist.

S: Ich glaube jetzt übertreiben Sie aber!

D: Leider übertreibe ich keineswegs. Und solch eine Einstellung ist auch gefährlich für unsere Gesellschaft. Denn wenn wir es nicht schaffen, Chancengleichheit für alle herzustellen, ist die Stabilität der deutschen Gesellschaft gefährdet. Der Einfluss der vielen unterschiedlichen Kulturen ist eine Bereicherung und eine Chance für Deutschland. Das gilt nicht nur für das Essen, sondern beispielsweise auch für die Mentalität der Deutschen, die sich ja im Vergleich zu den Nachkriegsjahren enorm verändert hat (4).

S: Ja, da haben Sie sicherlich Recht. Ich finde auch, dass die Deutschen lockerer und aufgeschlossener geworden sind. Kommen wir aber zurück auf die Geschichte der Gastarbeiter. Es gab ja nicht nur einen Grund für den großen Arbeitskräftemangel in Deutschland.

D: Nun, erstens gab es durch die vielen gefallenen Soldaten während des Zweiten Weltkriegs zu wenig männliche Arbeitskräfte in Deutschland. In den 1950er Jahren blühte dann auch noch das Wirtschaftswunder. Die Unternehmen wuchsen, neue Firmen schossen wie Pilze aus dem Boden. Das erforderte mehr Arbeitskräfte (5). So schloss die Bundesregierung mit Italien 1955 das erste Anwerbeabkommen. Länder wie Griechenland, Spanien, die Türkei, Marokko, Portugal, Tunesien und das damalige Jugoslawien folgten. Als dann auch noch 1961 mit dem Mauerbau der Zustrom ostdeutscher Arbeitskräfte endete, wurde das Anwerben ausländischer Arbeitskräfte immer dringlicher für die Bundesrepublik.

Abschnitt 3

S: Welche Probleme waren denn für die neuen Arbeitnehmer am größten? Der Kulturschock? Die Lebensumstände? Das Klima?

D: Sicherlich war schon die Ankunft ein Schock für sie: Es gab stundenlange ärztliche Untersuchungen, um zu sehen, ob sie an irgendwelchen Krankheiten litten. Dann waren die Unterkünfte nur einfache Holzbaracken, in denen die Neuankömmlinge in Mehrbettzimmern leben mussten. Meistens waren diese Behausungen in der Nähe der Arbeitsstelle. Dazu kamen die Sprachprobleme, das ungewohnte Klima (6), für sie unbekannte Arbeitsprozesse ...

S: Entschuldigung, wenn ich Sie unterbreche. Aber die Regierung hat doch sicherlich nicht tatenlos zugesehen. Sonst wären doch nicht so viele ausländische Arbeitnehmer bei uns geblieben.

D: Natürlich gab es zu Beginn einige unbeholfene Versuche seitens der Bundesregierung, diese ausländischen Arbeiter zu integrieren. Da wurden beispielsweise Filme gezeigt, die ihnen die deutsche Mentalität näher bringen sollten (7). Aber echte, wirksame Integrationsversuche fanden erst später statt.

Abschnitt 4

S: Irgendwann kam ja dann der Anwerbestopp.

D: Ja, richtig, mit der Rezession Ende der 1960er Jahre. Das Paradoxe dabei ist, dass nun der Ausländeranteil nicht sank, sondern stieg, denn viele Arbeitnehmer holten nun ihre Familien nach (8) und richteten sich auf ein dauerhaftes Leben in Deutschland ein. Vor allem die zweite Generation wollte nicht mehr in die Heimatländer ihrer Eltern zurück.

S: Mhm ... Der Ausländeranteil heute in Deutschland liegt ja bei 9,6 Prozent. Damit liegen wir über dem europäischen Durchschnitt (9).

D: Ja, der EU-Durchschnitt beträgt 6,8 Prozent, ist also deutlich niedriger. Die meisten „Gastarbeiter" bzw. deren Kinder haben sich aber inzwischen gut integriert und sind sogar deutsche Staatsbürger geworden. Denken wir nur an den Bundestagsabgeordneten Cem Özdemir (10). Es gibt aber auch Zeichen gegenseitigen Unverständnisses und Ablehnung. Hier muss von beiden Seiten noch viel getan werden.

S: Herr Delatolas, ich danke Ihnen für das interessante Gespräch.

D: Gern, ich danke auch.

Sie hören jetzt den Text noch einmal.

Track 15

Aufgabe B1

Sie hören im Radio ein Gespräch mit mehreren Personen. Sie hören den Text einmal. Wählen Sie bei den Aufgaben: Wer sagt das? Lesen Sie jetzt die Aufgaben 1 bis 6. Dazu haben Sie 60 Sekunden Zeit.

(M: Moderator, B: Beate, G: Frau Gerloff)

M: Hallo und herzlich willkommen in unserer Sendung „Ich suche dich". Heute beschäftigen wir uns mit dem Thema: Online-Dating oder klassisches Rendez-vous? Gibt es da Unterschiede bei jüngeren oder älteren Menschen? Warum ist es so schwierig, den richtigen Partner zu finden? Mein erster Gast ist Beate Martin, Studentin aus Wuppertal. Hallo!

B: Hallo!

M: Beate, Sie haben Ihren Mann über das Internet kennengelernt (0).

B: Ja, über soziale Netzwerke ergeben sich oft neue Kontakte und einige junge Singles finden dort ihr Liebesglück. Aber trotzdem findet es nicht jeder toll, wahllos andere Singles anzuschreiben (1), denn eigentlich pflegt man ja bei sozialen Netzwerken bereits bestehende Kontakte. Als Partnerbörse wird es weniger genutzt.

M: Ja, dazu kommen wir gleich noch. Ich möchte aber vorher noch Frau Barbara Gerloff im Studio begrüßen, die bereits die 50 überschritten hat und schon seit einiger Zeit auf Partnersuche ist. Guten Abend Frau Gerloff!

G: Guten Abend!

M: Frau Gerloff, Sie haben sich vor gut zehn Jahren scheiden lassen ...

G: Ja, und ich habe die ersten Jahre das Singledasein genossen (2). Aber irgendwann kam dann eine Phase, wo ich mich nach einem Partner sehnte und so habe ich angefangen auf Annoncen zu reagieren.

M: Und welche Erfahrungen haben Sie dabei gemacht? Es gibt ja in Deutschland immer mehr Singles (3), also müssten doch die Chancen für Sie gut stehen, auch wenn Sie nicht mehr der ganz jungen Generation angehören, oder?

G: Na ja, das habe ich zuerst auch gedacht, aber leider ist es gerade für Frauen ab 50 schwierig einen neuen Partner zu finden (4). Da wurde mir schon oft ganz unverblümt gesagt, dass ich zu alt sei. Und das schon, bevor es überhaupt zu einem Treffen kam.

B: Na ja, aber auch für junge Leute ist es nicht so einfach, den oder die Richtige zu finden (5). Viele meinen, dass ja gerade Studenten viel Zeit zum Ausgehen haben und an der Universität ohnehin viele Möglichkeiten haben, jemanden kennenzulernen. Aber was ist, wenn jemand zu schüchtern ist und sich nie traut, eine Person in der Mensa, in der Bibliothek oder auf einer Party anzusprechen?

M: Oder vielleicht gibt es ja keine Singles, die dem eigenen Geschmack entsprechen? Dann schaut man sich als Jugendlicher oder junger Erwachsener nach anderen Partnersuche-Möglichkeiten um und das Online-Dating wird dann immer attraktiver.

B: Ja, aber diese Online-Singlebörsen konzentrieren sich auf die Zielgruppe ab 30. Jugendliche und Studenten haben da kaum eine Chance, etwas zu finden.

G: Und die Obergrenze liegt bei diesen Singlebörsen bei 50 Jahren, vor allem, wenn es sich bei den Alleinstehenden um Frauen handelt. Männer in meiner Altersgruppe suchen oft nach Frauen, die manchmal bis zu 20 Jahren jünger sind. Da hat unsereins keine Chance. Ich hab da mal was von Mobile-Dating gehört, weiß aber nicht genau wie das funktioniert und ob das etwas für mich wäre ...

M: Ich glaube, das könnte helfen. Für die Jugend ist es wohl die perfekte Lösung. Aber warum sollte das nicht auch für die ältere Generation funktionieren (6)? Die GPS-basierte Suchfunktion macht es möglich, dass man passende Singles in der unmittelbaren Umgebung ausfindig machen kann. Und das gilt für jedes Alter. Und wer weiß? Vielleicht sitzt ja dann die Liebe schon am Nachbartisch! Frau Gerloff, Frau Martin! Ich bedanke mich für das interessante Gespräch. Und bei uns geht es weiter mit ...

6 Kunst und Kultur

Track 16

Aufgabe A1

Sie hören ein Gespräch zwischen zwei Personen, die Informationen austauschen. Hören Sie gut zu und ergänzen Sie fehlende Informationen oder kreuzen Sie die entsprechenden Informationen an. Sie hören den Text einmal.

(S: Sabrina, N: Niklas)

N: Hi, Sabrina! Was machst du denn hier? Ich dachte, du seist im Trainingslager!

S: Hallo, Niklas! Nee, nee ich bin seit gestern wieder zurück. Du sag mal, wir wollten doch einen Mal- oder Gestaltungskurs besuchen. Hast du immer noch Lust darauf? Oder hast du es dir anders überlegt?

N: Ja, Lust hätt` ich schon. Hast du denn schon etwas Passendes gefunden?

S: Weißt du was? Ich hab mein Tablet dabei und wir können uns das gleich mal anschauen. Wart mal, irgendwo hab ich es … hier! Schau mal! Ich hab Angebote im Zentrum von Köln, im Kölner Stadtteil Kalk und in Köln-Poll gefunden. Der billigste Kurs ist in Köln-Poll. Der kostet nämlich nur 12 Euro im Jahr, weil der von einer Stiftung gesponsert wird. Der Kurs in Köln-Kalk kostet 250 Euro und der im Zentrum 210 Euro pro Jahr.

N: Das geht ja. Ich dachte, diese Kurse seien teurer. Wann fangen denn die Kurse an? Ich mache gerade meinen Führerschein und möchte danach den Malkurs beginnen.

S: Also, wenn wir etwas später anfangen wollen, dann ist der Kurs in Köln-Poll am besten. Der beginnt erst am 15. Oktober. Der im Zentrum fängt bereits am 1. September an. Und der in Köln-Kalk am 15. September.

N: Ja, ich denke auch der Kurs im Oktober ist am besten. Aber schauen wir doch mal, was die so bieten. Ich sehe gerade, dass die im Zentrum auch Modern Art anbieten. Find ich toll! In Kalk haben die Basteln, Werken und Gestalten. Ist nicht so mein Ding. Und in Poll. Lass mal sehen – Malen und Zeichnen.

S: Auch nicht schlecht! Och … Im Zentrum muss man sich persönlich anmelden. Ich hab gar keine Zeit, dahin zu gehen. Aber in Poll können wir uns online anmelden und in Kalk telefonisch.

N: Ja, aber schau mal hier. Bei dem Kurs in Poll muss man 16 sein. Das ist okay für uns. Aber der Kurs im Zentrum ist ab 12 Jahre, also nichts für uns. Und der Kurs in Kalk ist ab 14. Das geht noch.

S: Und wie ich sehe, haben die auch Wochenendangebote. In Kalk im Oktober und in Poll im November. Im Zentrum haben die im September Wochenendkurse. Aber da hast du ja noch Fahrschule …

N: Ja, genau. Steht da eigentlich was über Schnupperkurse?

S: Ja, hier: Der Kurs in Poll bietet eine Probestunde an. Die beiden anderen leider nicht.

N: Muss man eigentlich alles auf einmal bezahlen? Ich hab ja gerade meine Fahrschule bezahlt und bin nicht gut bei Kasse. Akzeptieren die auch Ratenzahlung?

S: Ja, hier der Kurs in Köln-Kalk bietet auch Teilzahlungen an. Die erste Rate zu Beginn des Kurses und die Zweite im Februar. Naja, der Kurs in Poll ist so billig! 12 Euro im Jahr kann man wirklich schon im Voraus bezahlen. Logisch, dass die so was nicht anbieten. Im Zentrum wird auch keine Teilzahlung akzeptiert.

N: Bye, bye!

N: Warte mal, ich kopiere mal schnell die Telefonnummern auf mein Handy … Ach, Mist! Funktioniert nicht. Kannst du mir die Telefonnummern diktieren? Dann speichere ich sie gleich auf meinem Handy.

S: Also: Köln Zentrum: 0221 … 67.63.04

N: 63.04, ja okay! Köln-Kalk?

S: Köln-Kalk: 0221 … 21.72.13

N: 72.13., okay. Und Köln-Poll?

S: 0221 … 70.15.51

N: Gut! Dann rufe ich da morgen mal an. Vielleicht bieten die ja auch noch andere Kurse an. Vielleicht ist noch was Interessantes dabei, nicht?

S: Ja, klar. In allen drei Stadtteilen werden Projekte angeboten. In Poll organisiert man Ausstellungen, in Kalk Comictage und im Zentrum hilft man bei der Organisation von Schulprojekten. Schau mal hier: Und wir haben ja noch Zeit, uns zu entscheiden.

N: Genau! Ich muss jetzt aber weiter. Wir simsen, oder?

S: Klar! Tschüs!

N: Bye, bye.

7 Medienlandschaft und Information

Track 17

Aufgabe A1

Sie hören jetzt eine Radiosendung. Lesen Sie die Aussagen 1 bis 10 und kreuzen Sie jeweils die richtige Lösung an. Sie hören den Text zweimal.

Österreichischer Rundfunk: Traumberuf Journalist?
Eine Sendung von Dr. Monika Sonke.

Abschnitt 1

(MS: Dr. Monika Sonke, S1: Schüler 1, F1: junge Frau 1, A1: älterer Mann 1)

MS: Traumberuf Journalist? Auf Reisen sein, immer mitten im Geschehen sein und mit Artikeln und Reportagen die Öffentlichkeit über aktuelle Geschehnisse informieren – manchmal sogar mit einem hohen Risiko verbunden, wenn man in Krisengebieten unterwegs ist. All das macht den Beruf des Journalisten für viele zu einem Traumjob.

S1: Ich möchte gern Journalist werden, weil ich der Meinung bin, dass ich dann einen wichtigen gesellschaftlichen Auftrag erfülle. Man informiert die Öffentlichkeit über Themen, die von allgemeiner, politischer, wirtschaftlicher oder kultureller Bedeutung sind. Man recherchiert und erstellt Beiträge für Print-, Rundfunk- und Onlinemedien. Das finde ich wahnsinnig spannend.

F1: Ich habe mein Studium bereits abgeschlossen. Was ich so toll an dem Beruf finde, ist, dass man nicht nur recherchiert, sondern die Informationen auch auswertet. Man führt Interviews und besucht Pressekonferenzen (1).

MS: Klingt wirklich spannend. Die meiste Zeit verbringt ein Journalist jedoch mit Recherchieren und dem Verfassen von Beiträgen. Ziemlich viel Büroarbeit. Am besten fragen wir mal direkt in einer Zeitungsredaktion nach.

A1: Ungefähr die Hälfte der Arbeitszeit verbringen wir tatsächlich mit Recherchen und Schreiben. Dann müssen wir auch Artikel redigieren, Interviews vorbereiten usw. Und dann die endlosen Redaktionssitzungen ... Das hört sich vielleicht etwas langweilig an, aber wer gerne schreibt, ist hier genau richtig. Außerdem macht es auch Spaß Fotos für Artikel auszuwählen oder beim Seitenlayout mitzuwirken.

MS: Das gilt für Zeitungsjournalisten. Je nach Medium unterscheidet sich der Arbeitsalltag allerdings erheblich. Ein Fernsehjournalist z.B. hat einen ganz anderen Tagesablauf. Interessant ist, dass für diesen Beruf sämtliche Mediengattungen als Arbeitsfeld in Betracht kommen. Ebenso kann man in der Öffentlichkeitsarbeit tätig sein. Es ist außerdem möglich, dass man freiberuflich arbeitet und seine Beiträge an Medienunternehmen verkauft (2).

Abschnitt 2

(MS: Dr. Monika Sonke, J1: junger Mann 1, F2: Frau 2, A2: älterer Mann 2

J1: Ich bin bei einem Radiosender tätig. Dort bin ich für das Musikprogramm verantwortlich. Es gibt aber auch die Möglichkeit, hier in der Redaktion oder als Moderator zu arbeiten.

F2: Meine Aufgabe ist es, andere Journalisten mit seriösen Nachrichtenmeldungen zu versorgen, ich arbeite nämlich bei einer bekannten Nachrichtenagentur.

MS: Als Journalist verdient man in Österreich im Durchschnitt 3200 Euro brutto im Monat. Das genaue Einkommen hängt aber von vielen Faktoren ab. Nicht nur Unternehmensgröße und Berufserfahrungen spielen eine Rolle, sondern auch Geschlecht (3) und Branche. Wenn man eine leitende Position übernimmt, kann man einen höheren Lohn erwarten. Ein Chefredakteur verdient im Jahr durchschnittlich circa 70.000 Euro brutto. Aber wie sieht es mit der Ausbildung aus? Fragen wir doch mal am besten in einer der Wiener Journalistenschulen nach. Wie wird man Journalist?

A2: Da die Ausbildung nicht staatlich geregelt ist, gibt es viele Wege in den Beruf. Man kann studieren oder eine Ausbildung absolvieren. Dieser Beruf ist auch für Quereinsteiger offen (4), wenn sie talentiert sind. Aber egal welchen Weg man wählt, wichtig ist, dass man Berufserfahrung sammelt; das kann man durch Berufspraktika und ein Volontariat.

MS: Welche Unterschiede gibt es zwischen einer Ausbildung und einem Studium? Zum Beispiel, was die Ausbildungsinhalte betrifft?

A2: Ja, es gibt da natürlich Fächer, die bei beiden Bildungswegen gleich sind, z.B. Recherche, Presse- und Medienrecht und journalistische Darstellungsformen. Bei einem Studium kommen dann noch Medienwissenschaft und Sozialwissenschaften hinzu (5). Natürlich variiert das je nach Hochschule. Es gibt auch spezielle Studiengänge wie Musik- oder Onlinejournalismus und Medien- und Kommunikationswissenschaften. Natürlich ist ein Hochschulabschluss bei den Personalchefs hoch angesehen!

Abschnitt 3

(MS: Dr. Monika Sonke, M: Mann, F: Frau, T: Therapeutin)

MS: So viel zur Theorie. Wie sieht es aber mit den Reportern aus, die vor Ort berichten? Die sitzen ja nicht gemütlich in ihren Büros und recherchieren, sondern sie sind oft in Krisengebieten unterwegs. Und wenn sich Journalisten in einer Katastrophensituation befinden, so ist das auch für sie eine starke seelische Belastung.

M: Oft bin ich so durcheinander, dass ich nicht weiß, welche Fragen ich dem Menschen stellen darf, der mir gegenüber steht und vielleicht gerade alles verloren hat. Sein Haus, seine Familie …

F: Nach der Katastrophe frage ich mich oft, ob ich das erlebte Leid jemals verkraften werde.

MS: Wie man mit solchen Erlebnissen umgeht, können die Reporter in Seminaren mit Gesprächstherapeuten lernen (6).

T: In unseren Seminaren spielen wir den Ernstfall durch, bevor er wirklich eintritt (7). Wir betreuen aber auch Reporter, die selbst schon in Krisengebieten Schreckliches erlebt haben. Besonders diese brauchen unsere Hilfe.

MS: In diesen Seminaren übernehmen Schauspieler die Rolle von verletzten oder traumatisierten Opfern. An ihnen können die Journalisten trainieren, wie man mit Menschen, die gerade eine Extremsituation erlebt haben, umgeht (7).

T: Die Reporter führen mit den Schauspielern Interviews, so wie sie es nach einem realen Anschlag auch tun würden. Später geben die Schauspieler ein Feedback, wie sie sich während des Interviews gefühlt haben. Sie sprechen auch darüber, wie sich der Journalist vorgestellt hat, ob er den richtigen Abstand zu ihnen eingehalten hat und welche Fragen sie gut oder weniger gut fanden.

MS: Oft taucht in Fernsehreportagen die Frage auf: „Wie fühlen Sie sich?" Viele Zuseher finden diese Frage geschmacklos. Außerdem können solche Fragen auch dem Interviewten großen Schaden zufügen. Der Augenzeuge hat gerade etwas Extremes gesehen oder gar selbst erlebt. Wird ihm dann diese Frage „Wie fühlen Sie sich?" gestellt, fühlt er in sich hinein und stellt fest, dass er verzweifelt ist. Dann bleibt ihm oft die Sprache weg. Er denkt an die gerade erlebten Dinge und bekommt vielleicht einen Schock, der lebensgefährlich sein kann (8). Mit so einer Situation kann ein Reporter nicht umgehen. Der packt seine Kamera und sein Mikrofon ein und sagt: „Danke, das war´s! Alles Gute für Sie!" Der Reporter geht in sein Hotel und das Opfer bleibt in seiner seelischen Not allein zurück. Deshalb sollte ein seriöser Reporter diese Frage niemals in solch einer Situation stellen. Was soll oder darf er aber dann fragen?

Abschnitt 4

(MS: Dr. Monika Sonke, M: Mann, T: Therapeutin)

T: In solchen Situationen sollten die klassischen Journalistenfragen gestellt werden: Was, wann, wo. So etwas beantworten die Leute meist gerne. Diese Fragen haben ja auch etwas Strukturierendes. Natürlich kann man jemanden später, wenn er den Schicksalsschlag einigermaßen überwunden hat, fragen: „Wie haben Sie sich damals gefühlt?" Aber nur, wenn der Betroffene eine Distanz zum Geschehen gewonnen hat.

MS: Das ist natürlich für die Journalisten sehr schwierig, denn die Redaktion verlangt ja ein möglichst emotionales Interview.

M: Ich möchte nicht meine Selbstachtung vor mir verlieren. Wenn also der Chef droht, mich rauszuwerfen, wenn ich nicht das tue, was er sagt, dann gehe ich lieber, anstatt Dinge zu filmen oder zu fragen, die ich nicht mit meinem Gewissen vereinbaren kann. Ich möchte auch nach Jahren in den Spiegel schauen und sagen können: Ich habe niemanden verletzt oder ihm etwas Schlimmes angetan. Ich möchte meine Selbstachtung nicht verlieren (9).

MS: Für Journalisten, vor allem die Auslandskorrespondenten, gibt es noch andere Probleme: Da sich wegen des Internets die Geschwindigkeit der Berichterstattung erhöht hat, müssen die Reporter schneller Informationen liefern als noch vor 15 Jahren. Das Internet ist zum Antreiber geworden. Und da man nicht weiß, ob Web-Videos aus Krisengebieten auch tatsächlich echt sind, brauchen die Journalisten, die in der Redaktion sitzen die Hilfe von Bildrechercheuren und Auslandskorrespondenten, die das Material auf ihren Wahrheitsgehalt prüfen. Nur so kann man einigermaßen sicher sein, dass die Videos echt sind (10). Wir sehen, dass der Beruf des Journalisten viele Facetten aufweist. Er ist sicherlich sehr anstrengend und kann auch große psychische Belastungen mit sich bringen. Deshalb sollte man genau abwägen, ob man diesen Beruf ausüben will.

Sie hören jetzt den Text noch einmal.

8 Natur und Klima

Track 18

Aufgabe A4

Sie hören im Radio ein Interview mit einer Persönlichkeit aus der Wissenschaft. Sie hören den Text zweimal. Wählen Sie bei jeder Aufgabe die richtige Lösung. Lesen Sie jetzt die Aufgaben 1 bis 6. Dazu haben Sie 90 Sekunden Zeit.

(M: Moderator, G: Herr Gürtler)

M: Herr Gürtler, Sie sind Biologe und beschäftigen sich mit Invasionsbiologie. Was genau muss man darunter verstehen?

G: Invasionsbiologie ist ein Zweig der Biologie, der sich mit der Ausbreitung nichteinheimischer Arten beschäftigt. Das heißt, dass fremde Arten in neue Gebiete vordringen. Das können Tiere, Pflanzen oder Pilze sein. Meist geschieht diese Einwanderung unter dem direkten oder indirekten Einfluss des Menschen (1).

M: Das heißt, Sie beschäftigen sich mit Arten, die in ein Gebiet gelangt sind, wo sie früher nicht vorgekommen sind?

G: Genau.

M: Hm. Ich könnte mir aber vorstellen, dass es schon immer eine Invasion fremder Arten in andere Gebiete gegeben hat: Zum Beispiel sind ja während der Eiszeit viele Tiere vor der Kälte im Norden geflohen und haben sich weiter südlich angesiedelt …

G: Das ist natürlich richtig. Aber in unserem Wissenschaftszweig geht es vor allem um Arten, die sich mithilfe des Menschen ausgebreitet haben. Hier ist die Jahreszahl 1492 für uns Biologen eine wichtige Marke: Seit Kolumbus` Wiederentdeckung Amerikas hat sich die Ausbreitung fremder Arten stark beschleunigt (2). Durch die damals globale Vernetzung der Kontinente konnten die Neuankömmlinge ihre neue Heimat per Schiff und später auch per Auto und Flugzeug erreichen. Das sind Lebewesen, die der Mensch unabsichtlich „eingeschleppt" hat, zum Beispiel Muscheln, die sich an Ankerketten von großen Schiffen festgesetzt hatten. Andere wurden absichtlich angesiedelt, vor allem Nutzpflanzen wie die Kartoffel oder der Mais. Zur Jagd und zur Zucht wurde beispielsweise in Deutschland der Waschbär angesiedelt (3), der jetzt zu einer regelrechten Plage geworden ist. Oft haben die „Invasoren" keine natürlichen Feinde in ihrer neuen Heimat und vermehren sich überdurchschnittlich schnell und verdrängen andere heimische Arten … (4)

M: … und bringen so das Ökosystem durcheinander. Ich erinnere mich da an die absichtliche Einfuhr einer Krötenart in Australien. Damals herrschte eine große Käferplage in Australien und man führte einen natürlichen Fressfeind – die Aga-Kröte – aus Hawaii ein, um dieser Plage Herr zu werden (5). Aber diese Käfer schienen der Kröte nicht besonders zu schmecken und so wurde die Aga-Kröte selbst zum Problem, indem sie die Existenz einheimischer Arten bedrohte. Und das Interessante ist, dass dieses Vorgehen in anderen Ländern früher bereits erfolglos war. Dennoch wiederholte man diesen Fehler. Australien hatte plötzlich riesige Probleme mit seinem Ökosystem. Und das Vordringen dieser Krötenart hatte und hat sogar negative Auswirkungen auf den Tourismus.

G: Ja, und ich könnte noch zahlreiche derartiger Beispiele anführen. Auch aus der Pflanzenwelt – oder gerade aus der Pflanzenwelt – gibt es viele Beispiele für die Verdrängung der heimischen Arten, und der Folgen, die diese Verdrängung mit sich gebracht hat. Dies führt nämlich dazu, dass die ursprüngliche Lebensgemeinschaft aus dem Gleichgewicht gerät (6).

Sie hören jetzt den Text noch einmal.

Track 19 **Aufgabe A5**

Sie hören im Radio ein Gespräch mit mehreren Personen. Sie hören den Text einmal. Wählen Sie bei den Aufgaben: Wer sagt das? Lesen Sie jetzt die Aufgaben 1 bis 6. Dazu haben Sie 60 Sekunden Zeit.

(M: Moderator, R: Frau Roth, L: Leon)

M: Hallo, hallo! Schön Sie wieder bei unserer Sendung begrüßen zu dürfen. Heute geht es um einen interessanten, aber auch gefährlichen Beruf: den Tierfilmer. Wie wird man Tierfilmer und welche Voraussetzungen braucht man dafür? Dazu habe ich zwei Gäste ins Studio eingeladen: Unser erster Gast ist Michaela Roth, eine erfahrene und unseren Zuhörern sicherlich bekannte Tierfilmerin.

R: Hallo.

M: Und Leon, der in diesem Jahr sein Abi machen wird.

L: Hallo.

M: Leon, du möchtest Tierfilmer werden. Bestimmt ein Beruf mit Zukunft, denn Tierdokumentationen im Fernsehen werden immer beliebter (0).

L: Es stimmt zwar, dass immer mehr Deutsche Dokumentarfilme vor allem über die Natur sehen, einen Beruf mit Zukunft sehe ich darin allerdings nicht. Die meisten Produktionen kommen aus dem Ausland und so haben deutsche Tierfilmer kaum eine Chance, einen Auftrag zu bekommen (1).

M: Aha, aber warum interessiert dich dann dieser Beruf trotzdem?

L: Na, das ist einfach ein wahnsinnig aufregender Beruf. Da ich gerne fotografiere und filme, fasziniert mich dieser Beruf. Außerdem könnte ich ja auch Karriere im Ausland machen. Bei BBC beispielsweise.

M: Frau Roth, wie sieht denn die Ausbildung zum Tierfilmer aus?

R: Die Ausbildung zum Tierfilmer gibt es nicht. Man sollte jedoch ein sehr gutes zoologisches Wissen haben, aber auch in der Aufnahmetechnik bewandert sein (2), also ein professioneller Fotograf sein. Auch eine technische Ausbildung ist von Vorteil (2). Als Laie, der gerne filmt oder fotografiert, wird es nicht einfach erfolgreich zu sein.

L: Ich will eigentlich keine Ausbildung machen, sondern lieber einen Studiengang im Bereich Foto un d Film an einer Kunsthochschule oder Medienakademie belegen. Wenn ich Frau Roth etwas fragen darf: Wie war denn Ihr Weg zu einer der bekanntesten Tierfilmerin Deutschlands?

R: Gute Frage! Also, ich hab eine Ausbildung zur Technischen Zeichnerin gemacht, weil das meine Eltern so wollten (3). Danach hab ich in Bielefeld Biologie studiert und im Fach Zoologie promoviert.

M: Ihre Expeditionen führten Sie ja nach Tasmanien, Malaysia, Borneo und und und ... Also, ich bin mir sicher, dass das als Frau nicht so einfach ist (4).

R: Aber ich war ja nicht allein unterwegs, sondern immer mit einem Aufnahmeteam. Die Einheimischen waren selten feindselig uns gegenüber eingestellt, sie waren vielmehr neugierig und interessierten sich für unsere Technik. Sie halfen uns auch in Notsituationen.

M: Gab es da auch gefährliche Momente?

R: Ja, als beispielsweise unser Kameramann Andy von einem Elefanten angegriffen wurde (5). Das Foto ist damals um die ganze Welt gegangen. Glücklicherweise konnte sich Andy noch auf unseren Jeep retten und wir fuhren dann schnell davon.

M: Sag mal, Leon, wenn du so etwas hörst, bekommst du dann keine Angst?

L: Im Gegenteil. Das finde ich aufregend. Aber natürlich sollte man nicht mit seinem Leben spielen, nur um ein aufregendes Foto zu schießen oder eine tolle Szene zu drehen. Deshalb ist es ja so wichtig, sich gut im Verhalten der Tiere auszukennen, um lebensgefährlichen Situationen aus dem Weg zu gehen oder sich in gefährlichen Momenten richtig zu verhalten (6).

M: Frau Roth, Leon! Ich danke Ihnen für das interessante Gespräch!

9 Technik und Fortschritt

Track 20 **Aufgabe A1**

Sie hören einen kurzen Vortrag. Sie hören den Text zweimal. Wählen Sie bei den Aufgaben die richtige Lösung a, b oder c. Lesen Sie jetzt die Aufgaben 1 bis 8. Dazu haben Sie 90 Sekunden Zeit.

Herzlich willkommen, liebe Mitschülerinnen und Mitschüler zu unserer Projektwoche „Jugend und Forschung" und zu meinem Vortrag „Jugend forscht". Ich bin Paul Kling und gehe in die elfte Klasse.

Während unserer Projektwoche haben wir festgestellt, dass sich viele Jugendliche für den Wettbewerb „Jugend forscht" interessieren, aber oft denken sie, dass das nur für Mathe-Genies oder Ähnliches ist. So haben wir uns gedacht mit diesem Vortrag mit den Vorurteilen aufzuräumen und unseren Schülerinnen und Schülern Mut zu machen, bei diesem Wettbewerb, der der größte europäische Wettbewerb im Bereich Naturwissenschaften und Technik ist, mitzumachen (1).

Zunächst ein paar Worte zur Einführung: Dieser Wettbewerb wurde 1965 von dem damaligen Chefredakteur des „Sterns" Henri Nannen initiiert. Teilnehmen dürfen Personen bis zum 21. Lebensjahr (2), entweder als Einzelperson oder auch in Gruppen von bis zu drei Personen. Sind die Teilnehmer Studenten, dann dürfen diese nur innerhalb der ersten beiden Semester teilnehmen. Für Schüler, die jünger als zehn Jahre alt sind, gibt es die Sparte „Schüler experimentieren".

Als der Wettbewerb 1966 zum ersten Mal ausgetragen wurde, nahmen 244 Schüler und Studenten daran teil. Jetzt sind es mehr als 10.000 Teilnehmer jährlich mit ca. 5000 Projekten, von denen dann 10 Projekte als Bundessieger ausgezeichnet werden. Was erwartet die 10 Bundessieger? Nun das sind zumeist Geldbeträge, Sachpreise, Praktika oder Exkursionsreisen, welche von Sponsoren gestiftet werden (3). Außer den 10 Bundessiegern gibt es auch noch andere Preise, wie der des Bundespräsidenten und der Preis des Bundeskanzlers bzw. der Bundeskanzlerin.

Die meisten Arbeiten werden auf dem Gebiet der Biologie eingereicht (4), gefolgt von Technik, Chemie und Physik. Ihr seht also, dass es Projekte auf den verschiedensten Gebieten gibt. Da ist doch bestimmt auch was für euch dabei.

Habt ihr euch für ein Projekt oder Gebiet entschieden, sollte euch auch ein Betreuer begleiten, der über genügend Fachwissen verfügt (5). In der Regel sind das eure Lehrer.

Und keine Angst vor zu hohen Kosten! Wenn ihr eine bestimmte Ausrüstung für euer Projekt benötigt, dann müsst ihr oder eure Gruppe nicht die gesamten Kosten tragen. Man kann diese Geräte direkt beim Verein „Jugend forscht" anfordern. Es ist aber oft sinnvoller, wenn ihr Universitäten oder Privatunternehmen direkt ansprecht (6). Diese zeigen sich meist sehr hilfsbereit. Fragt aber vorher euren Lehrer bzw. Betreuer. Vielleicht findet ihr ja einen Teil der Ausrüstung auch an eurer Schule (6).

Ich persönlich habe schon dreimal an diesem Wettbewerb teilgenommen und muss sagen, dass allein Talent in einem naturwissenschaftlichen Fach nicht ausreicht. Man muss kein Mini-Einstein sein. Wichtig sind eine große Portion Neugier sowie Fleiß und Durchhaltevermögen (7). Man darf also nicht so schnell aufgeben.

Und da man ja die Ergebnisse präsentieren muss – entweder vor der Klasse oder auf einer Messe – lernt man sehr gut, wie man ein Produkt bewirbt (8) und wie man auch Menschen, die nicht vom Fach sind, sein Projekt verständlich erklärt. Das ist sehr wichtig für die Zukunft – egal, ob man letztendlich Naturwissenschaftler, Werbefachmann oder Verkäufer wird. Lernen tut man dabei auf alle Fälle etwas.

Also: Macht mit bei „Jugend forscht"! Für Fragen stehe ich euch natürlich zur Verfügung.

Sie hören jetzt den Text noch einmal.

10 Studium und Studentenleben

Track 21

Aufgabe A1

Sie hören fünf Gespräche und Äußerungen. Sie hören jeden Text einmal. Zu jedem Text lösen Sie zwei Aufgaben. Wählen Sie bei jeder Aufgabe die richtige Lösung. Lesen Sie jetzt das Beispiel. Dazu haben Sie 15 Sekunden Zeit.

Beispiel

M: Von unserer Uni fahren gleich zwei Nachwuchswissenschaftler zum Nobelpreisträgertreffen nach Lindau am Bodensee (01). Einer davon bin ich. Das war eine totale Überraschung für mich! Ich bin ja erst 30 Jahre alt und so eine Einladung bekommt man nur einmal im Leben (02). So sehen es die Regeln des Treffens vor. Natürlich bin ich schon total aufgeregt und gespannt. Das Treffen der Nobelpreisträger findet im Juni statt. Über 30 Nobelpreisträger werden dabei sein, um ihre Erfahrungen mit Nachwuchswissenschaftlern aus über 80 Ländern auszutauschen. Die diesjährige Tagung gilt der Medizin. Das ist ideal, denn ich bin Doktorand der Neurochirurgie.

Lesen Sie jetzt die Aufgaben 1 und 2.

M: Auch dieses Jahr fand wieder die traditionelle Ruderregatta zwischen der polnischen Universität Szczecin und der Universität Greifswald statt (1). Der Austragungsort wechselt jedes Jahr zwischen Polen und Deutschland und dieses Jahr war Greifswald der Gastgeber. Neben dem sportlichen Wettkampf tauschten die polnischen Gäste mit dem deutschen Gastgeber auch Erfahrungen aus und förderten durch dieses gemeinsame Erlebnis die Zusammenarbeit beider Universitäten. Teilnehmer beider Staaten waren auch dieses Jahr wieder begeistert und schwärmten von der tollen Atmosphäre (2). Kooperationspartner und Sponsoren dieser traditionellen Veranstaltung sind die Staatskanzlei Mecklenburg und die Sparkasse Vorpommern.

Lesen Sie jetzt die Aufgaben 3 und 4.

M: He, Julia! Was ist denn mit dir los? Du hattest doch heute Prüfung? Hast du sie nicht geschafft? Bist du durchgefallen?

F: Ach, ich bin gar nicht zur Prüfung angetreten (3). Ich hab den Termin verwechselt. Ich dachte, die Prüfung sei morgen.

M: Oje! Hast du denn keine Campus-App mit all deinen Terminen? Da gibt es doch auch eine Erinnerungsfunktion.

F: Klar, hab ich eine App für all meine Termine, aber ausgerechnet gestern ist mir mein Handy kaputt gegangen (4) und ich hatte das nicht bemerkt. Sonst hätte ich ja auf meine Cloud zugreifen können.

Lesen Sie jetzt die Aufgaben 5 und 6.

M: Guten Tag! Sie sind mit dem Servicepoint der Hochschule verbunden. Im Moment ist der Servicepoint geschlossen. Während der Öffnungszeiten beantworten kompetente Ansprechpartnerinnen Ihre Fragen zu Studienbewerbungen, Prüfungsanmeldungen, Rücktritten von Prüfungen, Anträgen auf Beurlaubung und Exmatrikulation (5). Der Servicepoint ist montags bis freitags von 10.00 Uhr bis 15.00 Uhr geöffnet. Unser Service steht Ihnen auch in den Semesterferien zu den bekannten Sprechzeiten zur Verfügung (6). Sollte es Ihnen nicht möglich sein, den Servicepoint zu den Sprechzeiten aufzusuchen, dann füllen Sie bitte das Kontaktformular auf unserer Website aus und vereinbaren Sie einen individuellen Termin.
Vielen Dank!

Lesen Sie jetzt die Aufgaben 7 und 8.

F: Sag mal. hast du eine Unterkunft gefunden?

M: Ja, endlich. Zuerst hab ich ja in einer WG gewohnt. Aber das war nichts für mich. Ich hab da 540 Euro warm bezahlt. Geht ja noch … Aber da hat einfach die Chemie zwischen uns Mietern nicht gestimmt (8). Außerdem stand im Mietvertrag, dass die Zimmer im gestrichenen und gesäuberten Zustand an neue Mieter übergeben werden. Aber in Wirklichkeit musste ich das Zimmer erstmal zwei Tage lang vom Schmutz befreien, bevor ich da einziehen konnte. Na ja, jetzt wohne ich in einem Zimmer im Studentenwohnheim (7) und bezahle nur 220 Euro. Da hab ich echt Glück gehabt!

Lesen Sie jetzt die Aufgaben 9 und 10.

M: Du, ich hab mich hier an der TU beworben.
F: Ach, ich weiß immer noch nicht, was ich studieren soll (9).
M: Du wolltest doch Biologin werden.
F: Ja, aber mich würde auch Medizin interessieren.
M: Aber du warst doch auch in Literatur gut. Du hattest doch auch Theater gespielt.
F: Das ist ja das Problem! Ich kann mich nicht entscheiden.
M: Hast du denn schon mal einen Studium-Interessentest gemacht? Der hilft dir bestimmt. Außerdem solltest du dich auch über die verschiedenen Hochschulen informieren. Da gibt es doch im Internet Hochschul-Rankings (10).
F: Ja, ich weiß. Ich werde mal diesen Test machen.

Track 22

Aufgabe B1

Sie hören einen kurzen Vortrag. Der Redner gibt Tipps zum Semesterbeginn an seiner Hochschule. Sie hören den Text zweimal. Wählen Sie bei jeder Aufgabe die richtige Lösung.
Lesen Sie jetzt die Aufgaben 1 bis 8. Dazu haben Sie 90 Sekunden Zeit.

Liebe Studienanfängerinnen und Studienanfänger. Mein Name ist Conrad Wahrig und ich bin Leiter der Studienberatung unserer Universität. Ich möchte Ihnen einige Tipps geben, um Ihnen den Einstieg ins Studentenleben zu erleichtern (1). Sie konnten sich ja schon mit dem Campus während unserer Ersti-Rallye vertraut machen und haben sich während unserer gestrigen Party schon etwas kennengelernt. Das ist schon ein wichtiger Schritt gewesen, um sich an das Studentenleben zu gewöhnen. Aber natürlich wird bei uns nicht nur gefeiert, sondern auch gelernt, studiert und geforscht.

Mein erster Tipp betrifft die Einführungsveranstaltungen. Besuchen Sie diese bitte unbedingt (2)! Dort gibt es für Sie wichtige Orientierungstipps, aber Sie können dort natürlich auch noch weitere Kommilitonen kennenlernen. Jeder ist noch neu. Sie sind also mit Ihrer eventuellen Unsicherheit nicht allein. Als Studienberater weiß ich, dass Einsamkeit ein großes Problem sein kann. Nehmen Sie also von Anfang an an unseren Veranstaltungen teil, so schließen Sie vielleicht Freundschaften, die ein Leben halten (3), denn oft verliert man während des Studiums den Kontakt zu alten Freunden aus der Schulzeit.

Dabei kann Ihnen auch der Hochschulsport helfen. Nie wieder werden Sie so eine riesige Auswahl an Sportarten und auch noch zu so günstigen Bedingungen haben (4). Auch traditionelle Tänze aus aller Welt werden angeboten. Und nach dem Sport geht man noch in den Studentenclub und bekommt Tipps zum Studium, zur Hochschule oder zum Studienort und zur Umgebung.

Und noch ein wichtiger Tipp: Wenn Sie Sorgen haben, dann verkriechen Sie sich nicht. Unsere Uni hat eine Hotline für Ihre Probleme. Dort können Sie rund um die Uhr anrufen (5) – egal ob es um Stress im Studium oder in der Beziehung geht.

Mein nächster Tipp betrifft das Lernen. Das Lernen an der Uni kann man nicht mit dem an der Schule vergleichen (6). Hier hört man in einer Vorlesung ein Semester lang etwas zu einem neuen Fach und muss das Gelernte in einer Klausur wiedergeben. Um da gute Noten zu bekommen, muss man immer dranbleiben und nicht erst kurz vor der Klausur anfangen zu lernen.

Nutzen Sie auch unsere Campus-App, um einen Überblick zum Stundenplan, über Seminare und Prüfungstermine zu behalten (7). Dort können Sie auch Ihre Prüfungsergebnisse eintragen und Ihren aktuellen Notendurchschnitt berechnen.

Und zum Schluss noch ein Hinweis auf unsere iMensa-App. Es gibt in Deutschland viele Mensen, die Ihre Speisepläne ins Netz stellen (8). Mithilfe dieser App kann man über 500 Speisepläne in über 180 Städten abrufen. Man kann sehen, welches Essen in der eigenen Mensa am besten bewertet wurde und selbst Punkte vergeben. Den wöchentlichen Speiseplan kann man damit auch herunterladen.

Sie hören jetzt den Text noch einmal.

11 Arbeitswelt und Recht

Track 23 **Aufgabe A1**

Sie hören im Radio ein Gespräch mit mehreren Personen. Sie hören den Text einmal. Wählen Sie bei den Aufgaben: Wer sagt das? Lesen Sie jetzt die Aufgaben 1 bis 6. Dazu haben Sie 60 Sekunden Zeit.

(M: Moderatorin, E: Evelyn, MS: Herr Meerstein)

M: Hallo, liebe Hörerinnen und Hörer, schön, dass Sie wieder mit dabei sind, bei unserer Sendung „Was soll ich werden?" Heute haben wir einen Berufsberater im Studio, und zwar Herrn Meerstein …

MS: Guten Abend!

M: Und Evelyn, Schülerin einer Integrierten Gesamtschule.

E: Hallo!

M: Evelyn, wir haben auch einige Hörer aus dem Ausland (0). Vielleicht könntest du mal kurz erklären: Was genau bedeutet *Integrierte Gesamtschule* (1)?

E: Das ist eine Schule, die alle Kinder gemeinsam besuchen, unabhängig davon, ob sie den Bildungsgang der Hauptschule, der Realschule oder des Gymnasiums anstreben.

M: Aha, dann ist dort eine Berufsberatung besonders nötig, öffnet diese Schule doch viele Perspektiven (1). Herr Meerstein, die Berufsberatung dient ja generell dazu, Menschen bei der Planung ihrer beruflichen Laufbahn behilflich zu sein. Es gibt sehr verschiedene Ansätze wie eine Berufsberatung aussehen kann (2). Es gibt zum Beispiel die Beratung bei der Bundesagentur für Arbeit oder eben den Berufsberater an jeder Schule. Abgesehen von privaten Berufsberatern.

MS: Richtig! Ich persönlich bin Berufsberater an Evelyns Schule.

E: Ja, und wir haben auch schon gemeinsam diverse Workshops zur Berufs- bzw. Studienberatung durchgeführt.

M: Und wie sahen die aus?

E: Also, die Workshops liefen unter dem Titel „Welcher Beruf passt zu mir?" Dort haben wir in kleinen Gruppen in gemeinsamen Gesprächen herausgearbeitet, über welche Fähigkeiten jeder einzelne von uns verfügt und welche Erfahrungen er schon hat.

MS: Ja, und in einem zweiten Schritt haben wir dann konkrete Handlungsschritte herausgearbeitet, wie die formulierten Berufswünsche erreicht werden können. Also in welchen Fächern man sich besonders anstrengen muss, oder wo man noch an sich arbeiten muss (3).

E: … und das Interesse an diesen Workshops war so groß (4), dass wir diese im darauffolgenden Monat wiederholen mussten, denn die Anmeldungen überstiegen die Platzkapazität.

M: Herr Meerstein, sind Sie denn nur an dieser Schule als Berufsberater tätig?

MS: Na ja, ich habe bestimmte Sprechzeiten an der Schule, bin aber außerhalb der Sprechzeiten in der Agentur für Arbeit tätig.

E: Herr Meerstein gibt uns Hinweise zur Nutzung von Medien, die uns Aufgaben und Anforderungen von Ausbildungsberufen erklären. Er spricht dann mit uns über unsere berufliche Zukunft und unsere Chancen auf dem Arbeitsmarkt.

MS: Und ich gebe auch Auskunft über die Wünsche und Erwartungen der unterschiedlichen Arbeitgeber.

M: Was raten Sie jemandem, der noch gar keinen Berufswunsch hat?

MS: Wenn jemand noch gar nicht weiß, was er werden will, können wir im Gespräch erste Zielrichtungen erarbeiten. Ich kann denjenigen dabei aber auch für einen Berufswahltest anmelden, bei dem seine Fähigkeiten und Interessen festgestellt und geeignete Berufsausbildungen vorgeschlagen werden. In einem Folgegespräch können wir dann weitere Schritte planen.

M: Herr Meerstein, Sie geben ja auch Tipps für Bewerbungsunterlagen oder Adressen von freien Ausbildungsplätzen.

MS: Ja, aber das hat nur Sinn, wenn der Schüler schon weiß, was er werden will. Denn irgendeine Ausbildung zu beginnen, nur weil da noch ein Platz frei ist, das führt meistens zum Abbruch der Ausbildung (5).

E: Im letzten Jahr hat unsere Klasse an einem Berufsparcours der Industrie- und Handelskammer teilgenommen. Wenn man davon ausgeht, dass sich ca. 90 Prozent der Schüler nichts Genaues unter den verschiedenen Berufsinhalten vorstellen können, dann ist so ein Berufsparcours genau das Richtige. Denn viele von uns haben eine bestimmte Begabung und wissen nichts davon. Die Folge kann dann sein, dass sie sich nicht für den Beruf entscheiden, in dem dieses Talent von Bedeutung ist (6).

M: Und was ist das genau: ein Berufsparcours?

MS: Dort werden Jugendliche und Unternehmen in einer Art Minipraktikum zusammengebracht. Dort kann man in 90 Minuten verschiedene Berufe ausprobieren.

M: Unsere Sendezeit ist leider um. Ich danke Ihnen für Ihr Kommen.

12 Politik und Wirtschaft

Track 24 **Aufgabe A1**

Sie hören ein Gespräch zwischen zwei Personen, die Informationen austauschen. Hören Sie gut zu und ergänzen Sie entweder die fehlenden Informationen oder kreuzen Sie die entsprechenden Informationen an. Sie hören den Text einmal.

(S: Herr Steinberger, M: Frau Moser)

S: Guten Tag!

M: Servus! Womit kann ich dienen?

S: Tja, wir befinden uns hier in Wien auf einem mehrtägigen Betriebsausflug. Unsere Firma ist in der Schweiz und die meisten von uns sind zum ersten Mal in diesem Teil Österreichs. Unsere Abteilung möchte außer Shoppen und der Besichtigung gängiger Sehenswürdigkeiten noch etwas anderes unternehmen. Zwei unserer Kollegen sind auch geschichtsinteressiert und hätten gern ein Angebot mit einem Reiseführer, der auch historische Details kennt. Hätten Sie da eine Idee? Es geht um den morgigen Tag.

M: Ja, selbstverständlich. Dazu ist ja unser Informationsstand da! Also, ich könnte Ihnen da einen Tagesausflug nach Graz empfehlen: Der kostet pro Person 110 Euro. Dann hätte ich noch einen Tagesausflug nach Salzburg mit ... Moment ... 178 Euro. Das wär' auch was für Musikfreunde. Aber auch die „Historiker" unter Ihnen natürlich, die kommen dabei auf ihre Kosten. Oder aber, falls Ihnen das zu teuer ist, gibt es auch noch den Spaziergang durch die Altstadt Wiens mit einem pensionierten Professor für Geschichte. Das wären dann 45 Euro.

S: Oh, das sind ja erhebliche Preisunterschiede!

M: Ja, das hängt mit der Dauer und dem Inhalt der jeweiligen Angebote zusammen. Schauen Sie: Die Tagesausflüge dauern ja länger. Außerdem ist da noch die Busfahrt enthalten. Also: Der Ausflug nach Graz dauert insgesamt 10 Stunden, der nach Salzburg sogar 12 Stunden und der Spaziergang durch Alt-Wien, der dauert nur fünfeinhalb Stunden. In Graz steht dann auch ein Rundgang durch die Altstadt mit einem Nachtwächter auf dem Programm. Das ist bestimmt was für ihre Kollegen. Der erzählt ihnen Grazer Schauergeschichten, aber auch wahre Begebenheiten aus dem Mittelalter.

S: Das klingt sehr interessant! Aber wenn uns ein Nachtwächter herumführt, dann ist das ja am Abend und wir kommen erst spät nach Wien zurück. Was ist denn bei den beiden anderen Angeboten vorgesehen?

M: Ja, also ... In Salzburg ist neben der Besichtigung des Geburtshauses Mozarts, als Höhepunkt der Besuch der Festung Hohensalzburg geplant. Zum Wiener Angebot gehört auch die Hofburg, die man sich ja unbedingt anschauen sollte, wenn man schon mal hier ist. Denken Sie bitte auch daran, es ist eine begrenzte Anzahl von Personen: Die maximale Gruppengröße für Graz beträgt 12 Personen, für Salzburg 10 und für Wien 8 Personen.

S: Gut, das kann ich jetzt noch nicht sagen, wie viele mitkommen werden. Was ist denn in den Preisen mit enthalten? Auch die Eintrittspreise?

M: Eintritt und Mittagessen ist nur bei dem Angebot nach Salzburg enthalten. Auf der Fahrt nach Graz werden Sie aber an einem Weingut haltmachen. Dort ist eine Weinprobe vorgesehen für Sie, die Sie nicht extra bezahlen müssen. Wie schon gesagt, sind beim Tagesausflug nach Salzburg Eintritt und Mittagessen enthalten und in Wien der Eintritt für die Hofburg.

S: In welchen Sprachen werden denn die Führungen angeboten? Wir haben nämlich auch ausländische Kollegen dabei, die kein Deutsch sprechen, sondern außer ihrer Muttersprache nur Englisch.

M: Da machen Sie sich mal keine Sorgen! Die Tour nach Graz wird in 7 Sprachen angeboten, die nach Salzburg in 10 und die in Wien im Moment nur in 3 Sprachen, da ja diese Tour nur von einer Person durchgeführt wird, die Deutsch, Englisch und Französisch spricht. Aber Deutsch und Englisch sind immer dabei.

S: Könnte ich die Ausflüge auch online buchen oder muss ich das hier in Ihrem Büro machen?

M: Also, wenn Sie die beiden Tagesausflüge buchen wollen, dann können Sie das online tun. Aber nur, wenn Sie für Wochentage reservieren wollen. Für Wochenendausflüge können Sie das nur in unseren Büros machen. Was den Spaziergang durch die Wiener Altstadt betrifft, geht das leider nur hier im Büro. Da können Sie gar nicht online buchen.

S: Auch nicht für Wochentage?

M: Nein, auch nicht für Wochentage. Wissen Sie, der Herr Professor ist schon etwas älter und legt auf herkömmliche Methoden Wert.

S: Ach so ... Sagen Sie: Falls ich jetzt hier bei Ihnen für morgen buche, kann ich das dann noch stornieren?

M: Leider! Das wäre zu kurzfristig. Bei dem Grazer Ausflug beträgt die Stornierungsfrist 3 Tage vor Reiseantritt, bei dem Tagesausflug nach Salzburg 7 Tage und bei dem Wiener Spaziergang durch die Altstadt gibt es gar keine Stornierungsfrist oder irgendeine Rückerstattung. Sie sehen also, in Ihrem Fall wäre eine Stornierung in allen drei Fällen leider nicht möglich.

S: Und wenn ich weitere Informationen möchte, kann ich da irgendwo anrufen?

M: Ja, selbstverständlich. Für die Graztour wählen Sie die 12 09 85 64. Falls Sie mit Ihrem Handy anrufen, müssen Sie noch die 0043 vorwählen.

S: Ah ja, Und die Salzburger Tour.

M: 0043 12 09 64 82.

S: 64 82, ja hab ich.

M: Und für die Altstadttour 0043 12 64 53 85.

S: Gut! Wie sieht es denn mit den Treffpunkten aus? Gibt es da einen zentralen Treffpunkt für alle Touren? Oder werden wir im Hotel abgeholt. Unser Hotel liegt ja sehr zentral.

M: Nein, nein! Der Treffpunkt für Graz ist vor dem Rathaus, der für Salzburg auf dem Wiener Heldenplatz und bei der Altstadttour werden Sie vom Herrn Professor persönlich im Hotel abgeholt, wenn es so zentral liegt, wie Sie sagen.

S: Ja, dann werde ich das mit meinen Kollegen besprechen. Vielen Dank für die ausführlichen Informationen, die Sie mir ja mit dem sprichwörtlichen Wiener Charme gegeben haben.

M: Gern! Wiederschauen!

S: Wiederschauen!

Track 25

Aufgabe B1
Sie hören jetzt eine Radiosendung. Lesen Sie die Aussagen 1 bis 10 und kreuzen Sie jeweils die richtige Lösung an. Sie hören den Text zweimal.

„Abschied vom Kapitalismus?" Eine Sendung des ORF
Abschnitt 1
(M: Moderator, K: Frau Kaufmann)

M: Und hier ist der ORF mit der heutigen Sendung „Kapitalismus und Klimawandel".
Zwingt uns der Klimawandel den Kapitalismus abzuschaffen oder reichen Reformen? Eine Sendung von Peter Gradenstätter.

In letzter Zeit hört und liest man immer wieder von den schädlichen Einflüssen, die das Gewinnstreben des neoliberalen Kapitalismus auf die Umwelt hat (1). Unser Radioteam hatte einen Teil der Bevölkerung von Linz gebeten, sich in unseren Studios einen Filmbeitrag zum Thema „Kapitalismus und Klimawandel" anzusehen. Nach der Ausstrahlung des Beitrags haben wir die Zuseher nach ihren Eindrücken gefragt. Frau Kaufmann äußert sich dazu folgendermaßen:

K: Tja, also ... Kapitalismus und Klimawandel ... In diesem Zusammenhang hatte ich das bisher noch nie gesehen. Besonders schlimm fand ich den Bericht über die Erdölgewinnung in Nigeria. Ich fand es haarsträubend, was da mit den Menschen und der Umwelt passiert. Die Ureinwohner trinken dort verseuchtes Trinkwasser, das große Fischsterben entzieht ihnen die Lebensgrundlage (2) und sie waten tagtäglich in Erdöl, das aus den Pipelines sickert. Außerdem gehen ganze Naturschutzgebiete zugrunde. Daran sollten wir hier in der westlichen Welt denken, wenn wir unsere Autos volltanken.

M: Nigeria besitzt die größten Erdölvorkommen Afrikas und ist der sechstgrößte Erdölexporteur der Welt. Die Ölförderung wird seit langem begleitet von Protesten der nigerianischen Bevölkerung. Die Menschen kritisieren die Korruption und das Ausbleiben von Investitionen des Öl-Geldes in eine Verbesserung der allgemeinen Lebensumstände. Ölfirmen, Politiker und Regierungsbeamte ignorieren jedoch diese Forderungen und bereichern sich stattdessen uneingeschränkt an den diversen Subventionen (3). Viele Entwicklungsprojekte werden durch Korruption und schlechte Planung ruiniert, nicht fertig gestellt oder funktionieren aus anderen Gründen nicht. Aber wir haben auch Meinungen zu anderen Themen, die im Film angesprochen wurden, gehört.

Abschnitt 2

(M: Moderator, S: Frau Stadler, W: Frau Wiese)

F: Ich als Naturschützerin bin davon überzeugt, dass sich das Klima erholen muss, sonst geht die Welt unter. Dabei muss auch das heutige Wirtschaftsmodell neu überdacht werden. Das ständig angestrebte Wirtschaftswachstum führt zwangsläufig zu mehr Kohlendioxid-Ausstoß, zur Privatisierung des öffentlichen Sektors und zur Deregulierung der Märkte. Sozialausgaben werden gegen Null gefahren. Das führt zur Verarmung der Bevölkerung und Naturschutz wird zum Luxus. Ein Teufelskreis, der durchbrochen werden muss. Es reicht also nicht mehr Naturschützer zu sein, man muss sich auch für Reformen innerhalb des Kapitalismus einsetzen. Das eine hängt mit dem anderen zusammen (4).

S: Also ich finde, dass im Film keine wirklichen Alternativen zum bestehenden Wirtschaftssystem angeboten werden. Das sage ich nicht nur als Bankerin, sondern auch als Privatfrau. Finanztransaktionssteuer und CO_2-Ausstoß-Steuer sind doch keine neuen Ideen. Das ist Schnee von gestern. Außerdem sind die Umweltprobleme innerhalb des bestehenden Systems lösbar. Da braucht man doch keine Revolution!

M: Frau Stadler gehört zu den sogenannten Klimawandelskeptikern. Deren Theorie besagt, dass die bestehenden Klimamodelle noch zu unpräzise seien, um verlässliche Vorhersagen treffen zu können (5). Es wird von Umweltorganisationen vermutet, dass hinter dieser Theorie große Öl- und Rohstoffgesellschaften stehen, die sehr erfolgreich Zweifel am wissenschaftlich längst belegten Klimawandel streuen.

S: Das Klima hat sich doch schon immer gewandelt. Vor 10.000 Jahren hatten wir die letzte Eiszeit und vielleicht steht uns jetzt einfach eine Warmzeit bevor. Außerdem gibt es doch verschiedene Klimawandelmodelle. Die einen besagen dies und die anderen das. Wem soll man denn da noch glauben?

M: Frau Wiese widerspricht dem heftig.

W: Man kann doch nicht bestreiten, dass die großen Unternehmen die Hauptschuld am Klimawandel tragen! Und das aus sehr kurzfristigen und sehr wirtschaftlichen Eigeninteressen! Was muss denn noch geschehen, damit man den Zweiflern die Augen öffnet?! Zum Beispiel der Treibhauseffekt: Der hat langfristig katastrophale Folgen für den Planeten. Wir werden jedenfalls noch zu unseren Lebzeiten verfolgen können, wie kleine Inselstaaten in Ozeanien vom steigenden Weltmeer überflutet werden, wie sich die Menschheit von Küstenstrichen zurückziehen muss, weil wir der zunehmenden Überschwemmungen nicht mehr Herr werden. Das hat wiederum zur Folge, dass die Flüchtlingsströme aus diesen Regionen ansteigen, weil diese Menschen ihre küstennahe Heimat ans Meer verlieren (6).

Abschnitt 3
(M: Moderator, L: Herr Lechner)

M: Bisher sind ja Unternehmen in vielen Bereichen schuld am Klimawandel. Die Bekämpfung des Klimawandels kann aber nur erfolgreich sein, wenn alle gesellschaftlichen Gruppen – also auch die Unternehmen – dazu beitragen, die globale Erwärmung auf weit unter zwei Grad zu begrenzen. Den Unternehmern sollte bewusst sein, dass der Klimawandel auch sie selbst treffen wird, und zwar mit aller Härte: Im Mittelpunkt eines Unternehmens steht ja immer die Wirtschaftlichkeit, das heißt die Kosten müssen in einem passenden Verhältnis zu den Einnahmen stehen. Wenn die Unternehmen bereit sind ihre eigenen Investitionspläne so auszurichten, dass sie dem Klimaschutz zugutekommen, sogenannte vorbeugende Investitionen, dann wird das gesamtwirtschaftlich deutlich kostengünstiger sein als unter den Bedingungen entstandener Umweltschäden produzieren zu müssen (7).

Herr Lechner, Sie sind Betriebswirt und belegen gerade den Masterstudiengang in Umweltökonomik. Was meinen Sie denn zu der Aufforderung im Film, dass die Unternehmen endlich langfristig in umweltfreundliche Projekte investieren sollen?

L: Ja, also … Man sollte sich unbedingt vor Schwarz-Weiß-Malerei hüten! Sicher ist die Wirtschaft für den Hauptteil der Treibhausgas-Emissionen verantwortlich. Das betrifft vor allem die Energiebranche, den Verkehrssektor, die Landwirtschaft sowie die chemische Industrie. Automobilhersteller bieten Produkte an, die für eine emissionsarme Zukunft nicht akzeptabel sind. Aber auch Dienstleister wie Banken, Versicherungen, Analysten usw. sind bei diesem Prozess sehr bedeutsam. Ihre Aktivitäten haben eine Regulierungswirkung. Gerade im Finanzsektor wird ja entschieden, welche Unternehmensprojekte Kredite bekommen beziehungsweise unter welchen Bedingungen sie finanziert werden. Vom Finanzsektor hängt es also ab, inwiefern zum Beispiel Kohlendioxidausstoß als Kostenfaktor in eine wirtschaftliche Bewertung eingeht (8). Das würde bedeuten, dass sich ein hoher CO_2-Ausstoß kostensteigernd auswirkt, was Banken dazu veranlassen könnte, Kredite nur für Projekte mit weniger CO_2-Emmission zu genehmigen (8). Und hier muss die Politik wirksam werden, indem sie Reformen schafft, die solch ein Vorgehen ermöglichen. Nur so kann man die Unternehmen zwingen in umweltfreundliche Projekte zu investieren.

Abschnitt 4
(M: Moderator, L: Herr Lechner)

M: Mit anderen Worten: Unsere Wirtschaft muss ressourcenschonend funktionieren. Aber wie können wir das erreichen? Im Moment ist es so, dass der Abbau von Ressourcen schneller erfolgt, als die Umwelt in der Lage ist, diese Ressourcen zu regenerieren und uns wieder bereitzustellen. Die Produktion ist darauf ausgerichtet, anzubieten, was die Verbraucher wünschen. Aber müssen wir tatsächlich immer mehr Konsumgüter besitzen oder könnten wir auch nur die Dienstleistungen in Anspruch nehmen, die uns diese Produkte verschaffen? Es zirkuliert bereits der Begriff des „gemeinschaftlichen Konsums" (9), ein Begriff, der dem bestehenden gesellschaftlichen Wirtschaftssystem, dem neoliberalen Kapitalismus, entgegenzustehen scheint. Tatsache ist jedoch, dass diese Idee von führenden Unternehmen stammt, inspiriert vom Car-Sharing oder Leasing. So könnten die Konsumenten ihren Bedarf decken, indem sie Produkte mieten, beispielweise Maschinen oder gar Versicherungen oder sie könnten auch Wohnraum für den Urlaub tauschen. Somit haben wir einen ökologischen Mehrwert, denn Tauschen, Teilen oder Leihen treten an die Stelle von Kaufen, Erwerben und Entsorgen (9).

L: Die Konsumgesellschaft der Zukunft muss sich stärker am Nutzen eines Produktes orientieren, statt an dessen Besitz. Konkret: Teilen sich mehrere Personen eine Waschmaschine oder einen Rasenmäher, müssen nicht so viele dieser Waren produziert werden, was Ressourcen spart. Ob sich dieses Geschäftsmodell durchsetzt und vielleicht ein neues Wirtschaftssystem hervorbringt, bleibt abzuwarten (10).

M: Liebe Zuhörer! Wie stehen Sie zu diesem Thema? Reichen Reformen in unserem Wirtschaftssystem, um den Klimawandel zu stoppen? In der nächsten Stunde können Sie uns unter 080 0 275361 erreichen und uns Ihre Meinung mitteilen. Auf unserer Homepage finden Sie auch ein Meinungs-Barometer, wo Sie Ihre Stimme zum Thema abgeben können.

Sie hören jetzt den Text noch einmal.

NOTIZEN